KOGNITIVE

VERHALTENSTHERAPIE

Depressionen & Ängste überwinden + Zwangsstörungen bewältigen durch kognitive Psychologie.

Bonus: 5-Wochen-Plan & 30 Praxis-Übungen für tägliches kognitives Training

Jolina Morgenstern

1. Auflage

2020

Inhalt

Über die Autorin

Jolina Morgenstern ist am 12. Januar 1964 geboren. Sie hat mehrere Jahrzehnte in der Psychologie gearbeitet und ist außerdem auch Motivationstrainerin. Sie hatte eine schwierige Kindheit, da sie in armen Verhältnissen von ihrer Mutter aufgezogen wurde. Ihre Mutter kämpfte in ihrer Kindheit einige Jahre mit psychischen Störungen. Der nächste Schicksalsschlag kam, als ihr Vater sich von ihrer Mutter getrennt hat, als sie 8 Jahre alt war. Jedoch hatte Jolina bereits als Kind einen bemerkenswerten Charakter. Sie war ein tapferes Mädchen, ständig positiv denkend und ließ sich von niemandem entmutigen. Als Psychologin & Motivationstrainerin weiß sie heute, dass sie Glück hatte und andere Mädchen mit gleichen Schicksalsschlägen vielleicht den Schritt in ein normales Leben nicht geschafft hätten – dafür ist sie auch sehr dankbar.

Psychologie hat sie ihr ganzes Leben begleitet. Höhen & Tiefen hat sie unzählige erlebt. Sie ist gefallen und wieder aufgestanden – war immer eine Kämpferin mit Herz!

Das Themenfeld der Psychologie ist sehr umfassend. Sie hatte in ihrer langjährigen Karriere als Psychologin Patienten mit verschiedensten Problemen betreut. Ein Patient sagte einmal, «Frau Morgenstern konnte mir mit ihren passenden Worten immer weiterhelfen, als hätten in mir die Puzzlestücke gefehlt und sie konnte das Puzzle ganz einfach vervollständigen."

Ihr Ziel ist es heute, für so viele Leute wie möglich das passende Puzzlestück zu finden, weshalb sie Bücher zu diversen psychologischen Themen schreibt. Sie sagte ihren Patienten auch immer, dass der Tag, der alles im Leben verändern kann, jeden Morgen neu beginnt.

Vorwort

„Habe Geduld mit allen Dingen, vor allem aber mit dir selbst." (Franz von Sales)

Diesen Ratschlag zu verfolgen und geduldig zu bleiben, gestaltet sich in vielen Situationen als sehr schwierig. Denn man hat bestimmte Vorstellungen und Erwartungen an sich selbst. Wenn es aber nicht gelingt, diese zu erfüllen, ist man schnell unzufrieden, frustriert oder ungeduldig. Dadurch können negative Denkmuster entstehen, die die Gedanken und das Verhalten beeinflussen können.

Darüber hinaus gibt es viele Menschen, die an Depressionen, Ängsten, Zwängen oder Persönlichkeitsstörungen leiden. Doch die Therapieplätze sind knapp und man wartet oftmals monatelang auf Hilfe. Deshalb bietet dieses Buch Ihnen die Möglichkeit, sich selbst zu helfen und mit den Strategien der kognitiven Verhaltenstherapie echten Mehrwert zu erhalten.

Denn sicher kennen auch Sie, wie viele andere, die negativen Denkspiralen, die auftreten können. Durch Unzufriedenheit, Pessimismus, Ängste und Selbstzweifel sind Sie auf einmal von der gesamten Situation oder von sich selbst genervt, reagieren abweisend oder abwertend und die Negativität verstärkt sich weiter.

Aus diesem Grund ist es wichtig, sich selbst immer im Gesamtzusammenhang aus Denken, Fühlen und Handeln wahrzunehmen. Diesen Ansatz verfolgt auch die kognitive Verhaltenstherapie, indem sie verschiedene Ansätze und Methoden vereint.

Diese werden in den folgenden Kapiteln dargelegt und erklärt. Außerdem wird definiert, was eine kognitive Verhaltenstherapie ist, wie sie abläuft und welche Wirkungen sie haben kann. Darüber hinaus werden die konkreten Anwendungsgebiete bei Depressionen, Ängsten und Zwangsstörungen thematisiert. Schließlich beinhaltet das letzte Bonuskapitel einen 5-Wochen-Plan, den Sie direkt in Ihrem Alltag umsetzen können, um täglich an Ihren Denk- und Verhaltensmustern zu arbeiten.

Kognitive Verhaltenstherapie – Was ist das überhaupt?

„Ein neuer Weg ist immer ein Wagnis. Aber wenn wir den Mut haben, loszugehen dann ist jedes Stolpern und jeder Fehltritt ein Sieg über unsere Ängste, über unsere Zweifel und Bedenken." (Demokrit)

Dieses Zitat zeigt, dass nicht das Erreichen des Ziels, sondern das Beginnen des Weges die wichtigste Hürde ist, die Sie meistern müssen, um Veränderungen zu erreichen. Auch die kognitive Verhaltenstherapie folgt diesem Ansatz. Sie ist eine der am besten untersuchten Psychotherapien und kann in unterschiedlichen Bereichen eingesetzt werden. Außerdem hat sie die Besonderheit, sich aus zwei Komponenten zusammenzusetzen, indem sie die Elemente kognitiver Therapien mit den Ansätzen von Verhaltenstherapien verbindet. Dadurch entsteht eine Vielzahl an Methoden, die auf individuelle Bedürfnisse und Voraussetzungen angepasst werden können.[1] Deshalb ist die kognitive Verhaltenstherapie die perfekte Methode für Sie, um sich selbst zu helfen.

Welchen Ursprung hat die kognitive Verhaltenstherapie?

Der Bereich der Verhaltenstherapie hat sich als eigener Behandlungsansatz in der Psychotherapie seit den 1950er Jahren entwickelt. Vor allem in den USA, England und Südafrika entstand schnell großes Interesse und eigene Forschungsbereiche wurden geschaffen. Jedoch wurden die Schwerpunkte dabei unterschiedlich festgelegt: Während die Verhaltenstherapie in den USA überwiegend zur Intervention bei belastendem Verhalten eingesetzt wurde, fokussierte man in Südafrika die Therapie von

Angststörungen und in England insgesamt die Behandlung von psychischen Störungen.[3]

Trotzdem war allen Schwerpunkten gleich, dass man weniger experimentell, aber stärker praktisch ausgerichtet forschte. Ziel sollte dabei sein, dass das Verhalten durch die Erarbeitung anderer Einstellungen und Ansichten in der Therapie verändert werden sollte. Deshalb bediente man sich der „kognitiven Methode", sodass verhaltenssteuernde, funktionale Denkprozesse erreicht werden können.[3]

Diese Kombination aus Verhaltenstherapie und „kognitiven Methoden" verbreitete sich schnell, da die Wirksamkeit als hoch eingestuft wurde. Denn man kann damit auch auf komplizierte Störungen einwirken und schnelle, direkt praktisch umsetzbare Lösungen erreichen.[3]

Welchem Grundprinzip folgt die kognitive Verhaltenstherapie?

Insgesamt betrachtet die kognitive Verhaltenstherapie den Menschen als Zusammenspiel aus Gedanken, Gefühlen und Verhalten. Nur, wenn diese Aspekte ausgeglichen und aufeinander abgestimmt sind, kann man sich im Gleichgewicht befinden und sich wohlfühlen. Treten jedoch problematische Verhaltens- oder Denkmuster auf, so kann das zu großem Leidensdruck der Betroffenen führen.

Aus diesem Grund wendet sich eine kognitive Verhaltenstherapie der bewussten Wahrnehmung und Kontrolle von Verhaltensmustern zu. Dafür werden die Gedanken, Gefühle und Handlungen reflektiert, überprüft und überarbeitet, um durch Alternativen die problematischen Muster zur durchbrechen. Dafür eignen sich diverse Methoden und Techniken, die in einem späteren Kapitel vorgestellt werden.[2]

Darüber hinaus ist diese Therapieform jedoch auch kognitiv ausgerichtet. Dieser Begriff stammt vom lateinischen Wort „cognoscere" ab und kann mit „erkennen" übersetzt werden. Daran wird deutlich, dass es in der kognitiven Therapie darum geht, die eigenen Gedanken, Erwartungen, Einstellungen und Gefühle zu erkennen. Ziel ist es, dass man belastende Denkprinzipien erkennt, um sie anschließend zu verändern und das eigene Bewusstsein zu verbessern.

Dadurch unterscheidet sich kognitive Verhaltenstherapie von anderen psychotherapeutischen Ansätzen, weil sie problemorientiert ausgerichtet ist. Das bedeutet, dass konkrete Schwierigkeiten und Probleme, die im Alltag auftreten, wahrgenommen und reflektiert werden, sodass man alternative Handlungsmuster und praktische Lösungen entwickeln kann. Im Gegensatz dazu befassen sich die meisten anderen Psychotherapien mit den Erfahrungen und der Vergangenheit eines Menschen, um diese umfassend aufzuarbeiten und zu verändern. Die kognitive Verhaltenstherapie hingegen orientiert sich an der Gegenwart und strebt

Hilfe zur Selbsthilfe an, die sofort umgesetzt werden kann. Auf diese Weise soll es nach möglichst kurzer Zeit wieder gelingen, den Alltag ohne Hilfe zu bewältigen, indem man aktuelle Verhaltensweisen und Denkmuster verändert.[1]

Für wen eignet sich eine kognitive Verhaltenstherapie?

Deshalb eignet sich die kognitive Verhaltenstherapie vor allem für Menschen, die durch Eigeninitiative, Selbstreflexion und Verhaltensänderungen Verbesserungen in ihrem Wohlbefinden erreichen können. Dazu gehören unter anderem Menschen, die an Depressionen, Ängsten, Suchterkrankungen, Schlaf-, Ess- oder Zwangsstörungen leiden. Außerdem wird sie auch bei chronischen Krankheiten wie Rheuma, Tinnitus oder chronischen Schmerzen angewendet, denn sie kann die Betroffenen darin fördern, ihr Leben neu zu gestalten und zu lernen, mit den anhaltenden Beschwerden umzugehen.

Trotzdem ist die Bereitschaft zu aktiven Handlungen die Voraussetzung dafür, dass kognitive Verhaltenstherapie gelingen kann. Denn nur, wer Eigeninitiative aufbringt und die Veränderungen langfristig in den Alltag integriert, kann umfassende Verbesserungen erreichen. Das ist sehr anstrengend und mühsam und kann vor allem bei psychischen Erkrankungen schwierig sein. Deshalb werden teilweise zu Beginn der Therapie unterstützende Medikamente eingesetzt, die kurzfristig eine Linderung der Symptome ermöglichen, sodass mit der Verhaltenstherapie begonnen werden kann.

Zusammenfassend ist festzuhalten, dass sich eine kognitive Verhaltenstherapie vor allem für Sie eignet, wenn Sie bereit sind, aktiv zu werden und Ihr Leben bewusst zu beeinflussen. Zudem eignet sie sich, wenn Sie schnelle Veränderungen wahrnehmen und konkrete, aktuelle Probleme bewältigen möchten.[1]

Die Methoden – So funktioniert eine kognitive Verhaltenstherapie

„Es sind nicht die Dinge selbst, die uns beunruhigen, sondern die Vorstellungen und Meinungen von den Dingen." (Epiktet)

Bereits im vorherigen Kapitel wurde die grundlegende Vorgehensweise einer kognitiven Verhaltenstherapie dargelegt: Durch die problemorientierte Ausrichtung können Sie Ihr Verhalten reflektieren und durch Einstellungs- und Denkmusterbearbeitung verändern. Dafür bedient sich die Therapie verschiedener Methoden. Sie werden eingesetzt, wenn störende Denk- und Verhaltensprozesse auftreten.

Erkennen Sie belastende Denkmuster

Unter einem belastenden Denkmuster versteht man beispielswiese den Mechanismus, dass eine Person ein Erlebnis direkt verallgemeinert und insgesamt negative Erwartungen an alle ähnlichen Situationen entwickelt. Dieses Denkmuster wird in der Psychologie auch „Übergeneralisierung" genannt. Wenn Sie beispielsweise einen Angehörigen bei einem Autounfall verlieren und anschließend eine generelle Angst vor dem Autofahren entwickeln, trifft dieses belastende Denkmuster zu.

Ein anderes Beispiel für belastende Denkmuster ist die „Katastrophisierung". Dabei schlussfolgert eine Person aus einem beunruhigenden Erlebnis sofort, dass ein Unglück oder eine Katastrophe bevorstehen muss, und gerät dadurch in Sorge und Angst.[1] Ein Beispiel dafür ist, dass Ihnen am Morgen die Kaffeetasse auf den Boden fällt und Sie deshalb davon ausgehen, dass es ein schrecklicher Tag werden wird und Sie ein Unglück erleben werden.

Diese belastenden Denkmuster können langfristig zu einem Phänomen führen, das auch als „selbsterfüllende Prophezeiung" bezeichnet wird. Darunter versteht man in der Psychologie, dass Ereignisse eintreffen, weil man mit ihnen gerechnet hat. Wenn man beispielsweise davon ausgeht, dass man während eines beruflichen Vortrags scheitern wird, dann ist man so aufgeregt oder resigniert irgendwann und strengt sich weniger an, dass man im Endeffekt tatsächlich scheitern wird. Ähnliches kann auch im Kontakt mit anderen Menschen geschehen, denn wenn man davon ausgeht, dass der andere etwas gegen einen hat, dann verhält man sich automatisch abweisend, was schließlich unfreundlich auf den anderen wirken kann.[1]

Aus diesem Grund ist es wichtig, belastende Denkmuster zu erkennen, zu reflektieren und zu verändern. Durch eine kognitive Verhaltenstherapie kann das gelingen, indem man lernt, die Denkmuster durch optimistischere Einstellungen zu ersetzen. Zudem entwickelt man ein erhöhtes Bewusstsein für die eigenen Gefühle und

Gedanken, sodass man sich besser kontrollieren kann.[1]

Folgen Sie dem Behaviorismus

Die Methoden der kognitiven Verhaltenstherapie basieren außerdem auf den Ansichten des Behaviorismus, der eine der wichtigsten Theorien der Psychologie darstellt. Diese Theorie hat ihren Ursprung in den 1920er Jahren und wurde als „Wissenschaft über das Verhalten" weiterentwickelt. Auch der englische Begriff „behavior" bedeutet „Verhalten". Die Theorie geht – anders als die kognitive Verhaltenstherapie – davon aus, dass man die inneren Prozesse im Gehirn nicht kennen muss, um menschliches Verhalten verstehen zu können. Stattdessen sollte man den Fokus auf beobachtbare Verhaltensweisen richten, da sie das Ergebnis der inneren Prozesse darstellen.[4]

Das bedeutet, dass jedes Verhalten eine Reaktion auf einen vorher eingetroffenen und in der unbekannten „Black Box" des Gehirns verarbeiteten Reiz ist. Da dieser Zusammenhang erlernt oder angewöhnt wurde, kann man ihn wieder ändern und alternative Verhaltensweisen erlernen. Auch die kognitive Verhaltenstherapie folgt diesem Grundgedanken, allerdings erweitert durch den kognitiven Aspekt.[4]

Deshalb erlernt man in einer kognitiven Verhaltenstherapie Methoden, um schädliche oder belastende Reiz-Reaktions-Schemata wahrnehmen und bewusst verändern zu können. So entwickelt man beispielsweise Strategien, um sich zu beruhigen, zu motivieren oder zu kontrollieren.[1] Es kann beispielsweise sein, dass große Menschenmassen am Bahnhof, im Supermarkt oder auf einer Party Panik in Ihnen auslösen. Deshalb können Sie mit den Strategien der kognitiven Verhaltenstherapie lernen, ruhig zu bleiben und Ihre Reaktion zu kontrollieren.

Verwenden Sie die Wirkungen der Konditionierung

Darüber hinaus basiert die kognitive Verhaltenstherapie auf der Lerntheorie der Konditionierung. Dabei unterscheidet man klassisches und operantes Konditionieren.[5]

Die Theorie der klassischen Konditionierung geht davon aus, dass vorangegangene Reize das Verhalten eines Menschen beeinflussen können. Dieser Zusammenhang wurde von dem Psychologen Iwan Petrowitsch Pawlow vor allem im Tierreich erforscht, indem er einem Hund beibrachte, dass er immer nach dem Klingeln einer Glocke Fressen bekommt. Das führte dazu, dass sein Speichelfluss irgendwann schon beim Klingeln begann und nicht erst dann, wenn er das Futter sehen konnte. Auch beim Menschen funktioniert dieses Prinzip, denn jeder Mensch hat bestimmte Reize, wie Musik, Gerüche, Geräusche oder Bilder, die spezifische Reaktionen der Freude, Trauer, Angst, des Ekels etc. auslösen. Durch Konfrontation mit den vorhandenen Konditionierungen in der kognitiven

Verhaltenstherapie kann der Patient erlernen, sie kritisch zu hinterfragen und gegebenenfalls zu überwinden. Besonders bei Phobien oder Angststörungen ist dieses Vorgehen entscheidend.[6]

Im Gegensatz dazu vertritt die operante Konditionierung die Ansicht, dass nachfolgende Reize das Verhalten beeinflussen. Man spricht dabei auch von positiver oder negativer Verstärkung bzw. von Belohnung und Bestrafung. Demzufolge kann eine nachfolgende Belohnung ein Verhalten verstärken, sodass man es wiederholt; Bestrafung jedoch führt dazu, dass man dieses Verhalten vermeidet. Dabei kann der nachfolgende Reiz sowohl von anderen als auch von einem selbst ausgehen. Denn wenn man zum Beispiel zu spät zu einem Treffen kommt, dann folgt der negative Reiz durch den anderen, da er sauer ist. Gleichzeitig entsteht vielleicht auch ein schlechtes Gewissen in einem selbst, sodass man in beiden Bereichen negative Verstärkung erfährt und sich beim nächsten Mal bemühen wird, pünktlicher zu sein.[5]

Diese Mechanismen spielen in der Psychotherapie eine entscheidende Rolle. Besonders die operante Konditionierung stellt einen wichtigen Lernvorgang in der Therapie von Depressionen, Ängsten usw. dar und ist deshalb auch ein relevanter Aspekt der kognitiven Verhaltenstherapie. Darüber hinaus bedient sich die kognitive Verhaltenstherapie weiterer Methoden, wie dem Modelllernen, dem Selbstmanagement-Training, der Entspannung sowie der kognitiven und rational-emotiven Therapie.[5]

Bedienen Sie sich der Strategien des Modelllernens

Die Methode des Modelllernens basiert auf der Theorie von Albert Bandura. Er geht davon aus, dass ein Mensch bestimmte Verhaltensweisen erlernt, indem er andere Menschen beobachtet. Anschließend ahmt er die beobachteten

Handlungen nach, sodass das Erlernen von Imitation in einem sozial-kognitiven Umfeld stattfindet. Besonders bei psychischen Störungen spielt dieses Modelllernen eine wichtige Rolle, da die Ursache für belastende Denk- und Verhaltensweisen unbewusst in der Imitation von Bezugspersonen oder Vorbildern liegen kann. Aus diesem Grund beschäftigt sich die kognitive Verhaltenstherapie neben der Behandlung des Verhaltens auch mit der Reflexion der inneren Einstellungen und Denkmuster. Denn dadurch können komplexe Zusammenhänge und schädliches Modelllernen erkannt und verändert werden.[5]

Verbessern Sie Ihr Selbstmanagement

Eine weitere Methode ist das Selbstmanagement-Training, das auf Frederick Kanfer zurückzuführen ist. Damit postulierte er eine Abkehr von der starken Fokussierung des aktiv handelnden Therapeuten hin zu einer passiven Beobachterrolle. Stattdessen sollte man dazu übergehen, dass die Aktivität beim Patienten selbst liegt, der durch den Therapeuten lediglich dazu angeleitet wird, das eigene Denken und Handeln zu reflektieren und gegebenenfalls Veränderungen im Leben vorzunehmen. Deshalb zeigt der Therapeut dem Patienten in der Therapie diverse Strategien; unter anderem zur Stärkung der Selbstkontrolle, Selbstinstruktion, Selbstregulation, Selbstbeobachtung, des Selbstmanagements, der Selbstverstärkung, Selbstbestrafung etc. Der Vorteil dieser Methode ist, dass der Patient lernt, unabhängig von seinem Therapeuten Lösungen zu erzeugen, sodass er langfristig dazu fähig ist, sein Leben selbstständig und unabhängig zu gestalten.[6]

Daran zeigt sich, dass sie zur Umsetzung einer kognitiven Verhaltenstherapie nicht auf einen Therapeuten angewiesen sind, sondern Sie können sich selbst helfen und direkte Verbesserungen wahrnehmen.

Steigern Sie Ihre Entspannung

Des Weiteren wendet die kognitive Verhaltenstherapie Methoden der Entspannung an. Diese sollen hauptsächlich dazu dienen, das Stresslevel zu reduzieren und die eigenen Emotionen besser kontrollieren zu können. Außerdem soll man lernen, Reize schneller zu verarbeiten, sodass man weniger Überlastung erlebt. Auch konkrete Stressbewältigungsstrategien werden thematisiert. Aus diesem Grund erlenen Sie zum Beispiel Atemtechniken, mit denen Sie sich in einer akuten Stresssituation beruhigen und kontrollieren können. Zudem eignet sich auch progressive Muskelrelaxation zur Steigerung der Entspannung. Insbesondere, wenn Sie unter Depressionen, Schlaf- und Angststörungen oder chronischen Krankheiten leiden, kann diese Methode den Allgemeinzustand langfristig verbessern. Weiterhin ist das autogene Training eine Möglichkeit, um Ihr Level der Entspannung in Körper und Geist dauerhaft zu steigern.[6]

Nutzen Sie Elemente der kognitiven Therapie

Darüber hinaus wird die rational-emotive Therapie nach Albert Ellis in der kognitiven Verhaltenstherapie eingesetzt. Dieser vertritt den Ansatz, der bereits am Anfang des Kapitels in Epiktets Zitat deutlich wird: Wir werden nicht von den Dingen an sich beunruhigt, sondern von unserer Meinung und unserer Ansicht über die Dinge. Daraus leitet Ellis einen Therapieansatz ab, der nach dem ABC-Modell vorgeht: Dabei stellt man zuerst fest, was der interne oder externe Reiz ist (Activating event), der eine bestimmte gedankliche Reaktion (Beliefs) auslöst, sodass eine mentale Bewertung der Situation stattfindet. Wenn diese Sichtweise auf das aktuelle Ereignis unrealistisch, übertrieben oder unkontrolliert ist, können psychische Probleme auftreten, die zu belastendem Verhalten führen können. Diese auftretenden Gefühle und Verhaltensweisen (Consequences) müssen wahrgenommen werden, sodass man die eigene

Reaktion hinterfragen kann (Disput). Anschließend folgt der letzte Schritt der kognitiven Umstrukturierung (Effect) der Bewertungs- und Verhaltensmechanismen, die durch die Therapie ermöglicht werden.[5]

Ähnlich funktioniert die Methode der kognitiven Therapie, die grundlegender Bestandteil jeder kognitiven Verhaltenstherapie ist. Sie wurde ursprünglich von Aaron T. Beck zur Behandlung von Depressionen entwickelt. Denn er geht davon aus, dass Menschen mit Depressionen negative Denkmuster aufweisen. Diese sind jedoch nicht nur das Symptom der Erkrankung, sondern auch die Ursache. Ihren Ursprung haben diese negativen Denkschemata in belastenden Erfahrungen, zum Beispiel in der weiten Vergangenheit in der Kindheit oder auch in der nahen Vergangenheit durch akute Erlebnisse. Dies hat zur Folge, dass ein Mensch nicht mehr dazu in der Lage ist, eigene Reaktionen zu reflektieren und Erfahrungen und Situationen zu differenzieren, sondern er wendet grundsätzlich negative Bewertungen an. Weiterhin führt diese negative Grundhaltung zu depressiven Stimmungen, die umgekehrt erneut negative Denkmuster erzeugen. So entsteht ein schädlicher Kreislauf, der therapeutisch durchbrochen werden muss.

Deshalb zeigt die kognitive Therapie Ihnen, wie Sie Ihre Gedanken, Gefühle und Wahrnehmungen kritisch hinterfragen können, sodass Sie Ihr eigenes Empfinden und Verhalten besser kontrollieren und beeinflussen können. Wichtig dabei ist jedoch, dass Ihnen diese Veränderung der kognitiven Grundhaltung nicht nur situationsbedingt, sondern allgemein im Alltag gelingt, damit langfristige positive Folgen auftreten können.[5]

Insgesamt kann man festhalten, dass sich die kognitive Verhaltenstherapie aus einer Vielzahl an Methoden zusammensetzt. Neben der Reflexion des eigenen Denkens, Fühlens und Verhaltens werden konkrete Mechanismen zur Veränderung des Verhaltens erlernt. Dabei bedient sich die kognitive Verhaltenstherapie diverser psychologischer Lerntheorien, wie der Konditionierung, dem Modelllernen oder der kognitiven Therapie. Darüber hinaus werden Strategien des Selbstmanagements und der Entspannung eingesetzt. Ziel dabei ist es, dass Sie lernen, belastende Denk- und Verhaltensmuster zu erkennen, zu reflektieren und zu verändern, sodass Sie langfristig aktiv und selbstbestimmt für eine Verbesserung Ihres Wohlbefindens sorgen können.

Die Therapie – So läuft eine kognitive Verhaltenstherapie ab

„Wenn Du etwas nicht magst, ändere es. Wenn Du es nicht ändern kannst, ändere Deine Einstellung. Beschwere Dich nicht." (Maya Angelou)

Im vorherigen Kapitel wurden die verschiedenen Methoden und Ansätze, die in einer kognitiven Verhaltenstherapie eingesetzt werden, ausführlich beschrieben und erklärt. Darüber hinaus sollen nachfolgend der Ablauf, die Dauer und die Voraussetzungen für das Gelingen der Therapie dargelegt werden. Das ist wichtig, da die Methode darauf ausgerichtet ist, einem Menschen eine selbstständige und unabhängige Lebensgestaltung zu ermöglichen, indem er handlungsorientierte Lösungsansätze erlangt. Dafür muss jedoch transparent und kooperativ gestaltet sein, wie die Therapie vorgeht und welches Ziel sie beabsichtigt, sodass sie tatsächlich Hilfe zur Selbsthilfe darstellt und zielorientierte sowie problembezogene Verbesserungen erreicht. Dadurch erreichen Sie Entscheidungsfreiheit und Eigenverantwortung für Ihr praktisches Handeln, sodass Sie sich selbst als aktiv beteiligt wahrnehmen können.[7]

Ablauf: Das erwartet Sie in einer kognitiven Verhaltenstherapie

Aus diesem Grund beginnt eine kognitive Verhaltenstherapie damit, dass der Therapeut oder die Therapeutin mit Ihnen ein Kennenlerngespräch führt. Darin soll festgestellt werden, wo genau das Problem liegt und welches belastende Verhalten identifiziert werden kann. Auch die möglichen Ursachen und Gründe für das Beibehalten des belastenden Verhaltens werden analysiert. Darüber hinaus werden die Denk- und Verhaltensmuster beobachtet und bewertet, sodass ein Gesamtverständnis für die

Zusammenhänge Ihrer Gedanken, Gefühle und Ihres Verhaltens entsteht.[8]

Anschließend wird gemeinsam ein Ziel erarbeitet, das die Therapie verfolgen soll, sodass konkrete Fertigkeiten vermittelt und erlernt werden können. Deshalb legt man ein Therapiekonzept fest, das einer bestimmten transparenten Struktur folgt. Allerdings beinhaltet es gleichzeitig einen flexiblen Variationsrahmen, sodass jederzeit Anpassungen an aktuelle Veränderungen oder an neu auftretende Probleme vorgenommen werden können. Grundsätzlich beginnt eine Therapiesitzung immer mit einem Gespräch über Ihr aktuelles Befinden und die Erfahrungen in den vergangenen Tagen. Zudem werden Fortschritte oder Rückschritte evaluiert und analysiert, inwiefern Therapieansätze umgesetzt werden konnten. Dabei wird Ihre Selbstbeobachtung gefördert und die kognitive Selbstkontrolle wird trainiert. Des Weiteren werden neue Methoden, Übungen oder Ziele erarbeitet, die Sie in den nächsten Tagen im Alltag ausprobieren und umsetzen sollen.[7]

Übergeordnetes Ziel ist dabei immer, dass Sie individuelle Methoden erlernen, um Blockaden, Schwierigkeiten und Belastungen im Alltag zu überwinden. Dafür werden Entspannungstechniken, Rollenspiele, Tagebucheinträge und Hausaufgaben entwickelt, die im Alltag umgesetzt und anschließend in der nächsten Therapie besprochen werden sollen. Dadurch soll eine Umstrukturierung Ihrer Denk- und Verhaltensschemata bewirkt werden, sodass positive Veränderungen entstehen.[9]

Dabei ist die Therapie stets von einem vorsichtigen Optimismus geprägt, sodass Ihre Motivation und Ihr Selbstvertrauen gesteigert werden. Insgesamt wird Ihre Eigenverantwortung gestärkt und Sie werden dazu angeleitet, eigenständig Verhaltensmuster zu entwickeln. Dabei wird stets Wert darauf gelegt, Ihre Freiwilligkeit und Entscheidungsfreiheit aufrechtzuerhalten, indem die Gespräche handlungsorientiert und bezogen auf den Entwicklungsstand gestaltet werden.[7]

Damit folgt eine kognitive Verhaltenstherapie einem logischen Ablauf aus Vorstellungsgespräch, Diagnose und Therapieplanung, an die die Durchführung der Therapie und begleitende Beratungsgespräche anschließen. Schließlich werden Ihre Entwicklung und der Erfolg der Therapie evaluiert.[7]

Dauer: Schon nach kurzer Zeit bemerken Sie Veränderungen

Die Dauer einer kognitiven Verhaltenstherapie kann sehr unterschiedlich sein. So unterscheidet man Kurzzeit- und Langzeittherapien, die zwischen 25 und 45 Therapiesitzungen dauern. Dabei dauert eine Sitzung etwa 50 Minuten und findet ambulant statt, das heißt, Sie leben nach wie vor in Ihrem gewohnten Umfeld und begeben sich nur für die Sitzung in die Obhut des Therapeuten. Meistens findet eine Sitzung pro Woche statt, in akuten Fällen kann die Anzahl jedoch auch kurzfristig gesteigert werden. Darüber hinaus ist es möglich, dass bestimmte

Probleme nur zeitweise auftreten und Sie nicht langfristig begleiten. In diesem Fall ist eine sogenannte Akutbehandlung möglich, die lediglich 12 Sitzungen umfasst und ein akutes Problem therapiert.[8]

Das Besondere an einer kognitiven Verhaltenstherapie ist, dass sie durch die Kombination aus Gedanken, Gefühlen und Verhalten direkte Verbesserungen bewirkt. Dadurch bemerken Sie schon nach wenigen Sitzungen Veränderungen. Zusätzlich verstärkt die eigenständige Durchführung der Übungen die Wirkung, sodass Sie durch Selbsthilfe sehr viel erreichen können.

Neben der ambulanten Therapie in einer Praxis kann eine kognitive Verhaltenstherapie jedoch auch stationär in einer Klinik oder in einem Reha-Zentrum stattfinden. Außerdem sind zusätzlich zu Einzelsitzungen auch Gruppentherapien oder die Nutzung von Online-Angeboten möglich.[1]

Insgesamt übernehmen in den meisten Fällen die Krankenkassen die kognitive Verhaltenstherapie in einem Umfang von bis zu 80 Sitzungen.[8] Vor allem bei Problemen wie Ängsten, Zwangsstörungen, Depressionen, Suchterkrankungen oder chronischen Krankheiten stellt die Kostenübernahme durch die Krankenkasse selten ein Problem dar und die Therapie wird finanziert, da die Verminderung des Leidensdrucks des Patienten als sehr relevant erachtet wird. Trotzdem kann die Genehmigung einige Wochen dauern.[1]

Achtung: Diese Voraussetzungen müssen erfüllt sein

Eine der wichtigsten Voraussetzungen für eine gelungene Therapie ist die Zusammenarbeit mit einem geeigneten Therapeuten. Dabei geht es nicht primär um die fachliche Qualifikation, sondern vor allem um die Stimmigkeit zwischen Patienten und Therapeuten. Denn wie auch im Alltag harmoniert man nicht mit jedem Menschen. Es ist ein gewisses Grundmaß an Vertrauen, Sympathie und Zuneigung notwendig, damit die Therapie in einer offenen, vertrauten, ehrlichen und wohlwollenden Atmosphäre stattfinden kann. Denn wenn Sie sich nicht akzeptiert oder verstanden fühlen, werden Sie den anderen nicht an sich heranlassen. Diese Öffnung ist aber notwendig, damit man in der Therapie die Ursachen für die eigenen Gedanken und Handlungen erkennen und Strategien der Selbstbeobachtung erlernen kann.[8]

Deshalb können Sie sich bei der Wahl eines Therapeuten von dem Hausarzt, von der Krankenkasse oder auch von Freunden und Bekannten beraten lassen. Darüber hinaus gibt es verschiedene Portale wie die „Deutsche Psychologen Akademie" oder die „Deutsche Psychotherapeutenvereinigung", die eine Übersicht über eine Vielzahl möglicher Therapeuten enthalten.[8]

Trotzdem kann es vorkommen, dass man lange Zeit auf einen Therapieplatz warten muss. Das liegt daran, dass es im Allgemeinen zu wenig Therapieplätze gibt. Dennoch sollten Sie sich davon nicht in Ihrer Entscheidungsfreiheit einschränken lassen und einen Platz annehmen, nur weil er Ihnen angeboten wird. Nehmen Sie stattdessen die Möglichkeit wahr, zwei bis drei Kennenlernsitzungen zu absolvieren, um dann zu entscheiden, ob Sie sich eine Zusammenarbeit vorstellen können. Wichtig ist, dass Sie dabei ehrlich zu sich selbst sind, denn bei mangelndem Vertrauen kann die Therapie nicht funktionieren.[9] Nehmen Sie sich deshalb die Zeit, um einen möglichen Therapeuten kennenzulernen, und nutzen Sie, wenn nötig, die Möglichkeit, zu wechseln, wenn Sie sich nach den ersten Probesitzungen unwohl fühlen. Die Kosten hierfür werden grundsätzlich von der Krankenkasse übernommen.[1]

Lassen Sie sich nicht unter Druck setzen, eine schnelle Entscheidung treffen zu müssen, sondern werden Sie auch ohne Therapieplatz aktiv und wenden Sie die Strategien der Selbsthilfe an. So erzielen sie direkt erste Erfolge und haben genug Zeit, um sich für den richtigen Therapeuten zu entscheiden. Der 5-Wochen-Plan mit 30 Übungen hilf Ihnen dabei!

Die Wirkung – Warum eine kognitive Verhaltenstherapie tatsächlich hilft

„Der Mut wächst, je größer die Hindernisse sind." (Adolph Kolping)

In den vorherigen Kapiteln wurde deutlich, unter welchen Voraussetzungen eine kognitive Verhaltenstherapie stattfinden kann, welche Methoden sie verwendet, wie sie abläuft und wann sie eingesetzt werden kann. Daran anschließend sollen in diesem Kapitel explizit die möglichen Wirkungen und Folgen einer kognitiven Verhaltenstherapie dargelegt werden.

Dabei ist vor allem die Verbindung von kognitiver und verhaltensspezifischer Arbeit entscheidend. Denn sie führt dazu, dass umfassende Ergebnisse erreicht werden können und Wirkungen auf vielen Ebenen entstehen. Somit werden sowohl das körperliche als auch das geistige Befinden des Menschen angesprochen und therapiert. Dadurch erreichen Sie mit der kognitiven Verhaltenstherapie ein tiefgründigeres Verständnis von sich selbst, sodass Sie langfristig die eigenen Gedanken und Gefühle besser einordnen können. Auf diese Weise kann es gelingen, Ursachen von belastendem Verhalten oder negativen Gedankenfolgen zu erkennen, um darauf einwirken zu können und sie zu beenden.[10]

Darüber hinaus steigt durch den Einsatz von Achtsamkeits- und Verhaltensübungen das Reflexionsvermögen. Dadurch lernen Sie, eintretende Situationen, Reaktionen von Mitmenschen und eigene Muster der Schlussfolgerung kritisch zu hinterfragen. Somit können Sie die eigene Einschätzung und die Wahrnehmung von Zusammenhängen überdenken und erkennen, dass viele Ereignisse komplex sind, weil diverse Ursachen zugrunde liegen. Deshalb ist es zum

Beispiel falsch, wenn Sie die Reaktionen eines Mitmenschen immer auf sich selbst beziehen. Denn die Auslöser für das Verhalten können vielfältig und nicht erkennbar sein. Aus diesem Grund ist es wichtig, dass Sie in der Therapie erlernen, Situationen und Erlebnisse bewusst zu reflektieren.[8]

Des Weiteren wird damit gleichzeitig auch Ihr Urteilsvermögen geschult. Indem Sie lernen, sich selbst und andere aufmerksam zu beobachten und kritisch zu hinterfragen, steigern Sie das Verständnis für soziale Beziehungen und Verhaltensmuster. Dadurch können Sie langfristig Beweggründe erfassen und angemessen reagieren, sodass es gelingt, das Verhältnis zu anderen wohlwollend zu gestalten.

Außerdem steigert die kognitive Verhaltenstherapie den eigenen Optimismus und durchbricht negative Denkspiralen. Denn Sie erlernen alternative Denk- und Verhaltensmuster, sodass direkt positive Ergebnisse und Verbesserungen sichtbar werden. Auf diese Weise können pessimistische Ansichten beeinflusst werden, da Sie erkennen, dass die Möglichkeit der Besserung existiert.

Damit zusammenhängend ist die stärkste und wichtigste Wirkung einer kognitiven Verhaltenstherapie zu nennen: Ihre schädlichen Verhaltensweisen können direkt therapiert und verändert werden. Der Vorteil dabei ist, dass Sie die Veränderungen direkt im Alltag praktisch umsetzen können, sodass lebensnahe, alltägliche Verbesserungen und Wirkungen sofort sichtbar werden. Das führt zu einer erhöhten Motivation und steigert den Optimismus, sodass Sie bereit sind, noch mehr Veränderungen umzusetzen.

Diese unmittelbar beobachtbare Wirkung steigert demnach das Reflexions- und Handlungsvermögen. Darüber hinaus können Sie in einer kognitiven Verhaltenstherapie lernen, negative Denkspiralen zu durchbrechen. Zudem erfahren Sie, welche Methoden Sie zum Problemlösen einsetzen können. Dafür lernen Sie während der Therapie verschiedene Strategien und Herangehensweisen kennen, die Sie anschließend direkt ausprobieren und umsetzen können.[10]

Außerdem erlernen Sie in den Therapiesitzungen, unterschiedliche Methoden der Achtsamkeit und Entspannung durchzuführen und in den Alltag zu integrieren. Auf diese Weise können Sie das Stresslevel senken, auch in spontanen oder überfordernden Situationen ruhig bleiben und sich auf sich selbst konzentrieren. Das ist wichtig, denn nur so können Sie Ihre eigenen Bedürfnisse wahrnehmen, Ihre Gedanken und Gefühle bewusst steuern und Ihr Verhalten aktiv kontrollieren.

Kognitive Verhaltenstherapie – Die erfolgreichste Therapieform

Zusammenfassend kann man festhalten, dass eine kognitive Verhaltenstherapie umfassende Wirkungen auf den Patienten haben kann, indem unterschiedliche Strategien zur Entspannung, Motivation, Selbstkontrolle und Reflexion erlernt werden. Dadurch gelingt es, Denk- und Verhaltensmuster zu verändern, Probleme zu bewältigen und optimistisch den Alltag zu meistern. Aus diesem Grund ist die kognitive Verhaltenstherapie die erfolgreichste Therapieform, um psychische Erkrankungen wie Depressionen, Persönlichkeitsstörungen, Ängste, Zwänge, Abhängigkeiten oder psychische Folgen von chronischen körperlichen Krankheiten, wie zum Beispiel Rheuma oder Tinnitus, zu behandeln. Denn in diesen Situationen kann die Therapie eine schnelle, umfassende und deutliche Verbesserung in Ihrem Leben erreichen. Aus diesem Grund sollten Sie aktiv werden und sich selbst helfen. Setzen Sie die Strategien der kognitiven Verhaltenstherapie um und überwinden Sie Ihre psychischen Probleme![10]

Wie sieht es gerade in Ihnen aus?

Damit Sie eine kognitive Verhaltenstherapie erfolgreich umsetzen und Verbesserungen erzielen können, müssen Sie lernen, sich selbst einzuschätzen. Entdecken Sie sich selbst und erfahren Sie, wie Sie Ihre eigenen Gefühle wahrnehmen, Ihre aktuelle Stimmung einschätzen und Ihr Verhalten somit bewusst kontrollieren können.

Fragen Sie sich: Wie sieht es gerade in Ihnen aus? Fühlen Sie sich gut oder schlecht? Ist es ein heller oder ein düsterer Tag? Sind Sie müde, traurig oder frustriert? Haben Sie heute schon gelächelt?[26]

Mithilfe dieser Leitfragen können Sie Ihre eigene Stimmung ergründen. Anschließend sollten Sie nach den Ursachen fragen: Was macht Sie heute traurig? Aus welchem Grund erscheint Ihnen der Tag anstrengend? Warum haben Sie schlechte Laune? Was setzt Sie unter Druck? Was wünschen Sie sich gerade? Was soll sich verändern?[26]

Auf diese Weise lernen Sie sich selbst kennen und können Ihre Denkmuster besser nachvollziehen. Denn Sie können verstehen, warum welche Gefühle auftreten. Dadurch werden Sie handlungsfähig und können bewusst gegen belastende Zusammenhänge vorgehen.

Aus diesem Grund sollten Sie im Laufe eines Tages immer wieder kurz innehalten und sich selbst hinterfragen. Stellen Sie sich dafür die oben genannten Leitfragen oder entwickeln Sie eigene Fragen, die Ihnen helfen.[26] Diese Übung ist wichtig, denn Ihre Gedanken haben einen direkten Einfluss auf Ihr Wohlbefinden.

Warum Ihre Gedanken Sie krank machen

Aus diesem Grund können Ihre Gedanken Sie krank machen, denn das seelische Wohlbefinden beeinflusst auch den Körper. Diesen direkten Zusammenhang können Sie zum Beispiel am sogenannten Placeboeffekt beobachten. Dabei nehmen Menschen Medikamente ein, die keine medizinisch bewiesene Wirkung haben. Allerdings wissen sie das nicht, sondern sie sind fest davon überzeugt, dass diese Medikamente ihre Krankheit heilen können. So ist es tatsächlich bereits gelungen, dass Symptome verbessert und Leiden beendet wurden. Das bedeutet, dass es Menschen gelungen ist, sich selbst durch die Kraft ihrer Gedanken zu heilen.[27]

Jedoch funktioniert dieser Zusammenhang auch umgekehrt, indem negative Gedanken körperliches Leiden auslösen. Das wird zum Beispiel an Depressionen deutlich, denn die seelische Verzweiflung kann zusätzlich zu Müdigkeit, Migräne, Unwohlsein oder Schmerzen führen. Trotzdem können körperliche Therapien, wie Sport, Ernährung oder soziale Kontakte, das depressive Leiden vermindern. Das bedeutet, dass es eine stetige Wechselwirkung zwischen Körper und Geist gibt, sodass beide Ebenen in der Therapie beachtet werden müssen.[27]

Deshalb eignet sich eine kognitive Verhaltenstherapie. Denn dieser Zusammenhang zwischen negativen Gedanken und dem körperlichen Wohlbefinden äußert sich auch in konkreten Krankheitsbildern, wie Depressionen, Ängsten, Zwängen oder anderen Persönlichkeitsstörungen. Doch durch die Methoden der kognitiven Verhaltenstherapie können Sie diese langfristig bekämpfen und bezwingen!

Überwinden Sie Ihre Depressionen!

„Nie glücklich ist, wer ewig dem nachjagt, was er nicht hat; und was er hat, vergisst." (Shakespeare)

Schon mehrfach wurde erwähnt, dass eine kognitive Verhaltenstherapie sich zur Behandlung von Depressionen eignet und dort positive

Wirkungen entfalten kann. Um diesen Zusammenhang zu verstehen, muss man sich zuerst darüber klar werden, was man unter dem Krankheitsbild einer Depression versteht.

Auch wenn der Begriff „depressiv" im alltäglichen Sprachgebrauch oft verwendet wird, um zu beschreiben, dass man enttäuscht oder traurig über etwas ist, so sollte eine negative Stimmung nicht mit einer Depression verwechselt werden. Im Gegenteil, es ist festzuhalten, dass eine Depression keine Verstimmung oder Phase ist, sondern eine ernstzunehmende psychische Erkrankung, die mit medikamentösen oder psychotherapeutischen Therapien ambulant oder stationär behandelt werden muss. Denn im Gegensatz zu Phasen von Unlust, Niedergeschlagenheit oder schlechter Stimmung, ist eine medizinische Depression langanhaltend und kann sich auch zu einer chronischen Krankheit entwickeln.[11]

Des Weiteren betrifft eine Depression den gesamten Menschen, das heißt das Fühlen, Denken und Handeln. Auf diese Weise wird das Gesamtgleichgewicht gestört und erhebliches Leiden entsteht, das seelische und körperliche Beeinträchtigungen bewirken kann. Allerdings gelingt es einem Erkrankten nicht, sich selbst aus dieser negativen Spirale zu befreien, sodass er ohne Hilfe langfristig von negativen Gedanken, gedrückter Stimmung und enormer Antriebslosigkeit eingeschränkt wird. Aus diesem Grund ist bei der Diagnose einer Depression immer eine Therapie notwendig.[11]

Denn neben den negativen Gefühlen und Gedanken ist der soziale Rückzug ein weiteres Symptom. Da Erkrankte keinen Antrieb und keine Kraft verspüren, um sich mit sich selbst oder mit anderen auseinanderzusetzen, empfinden sie soziale Interaktion als extrem anstrengend und belastend. Die Pflicht, zu reagieren und zu interagieren, wirkt überfordernd und wird deshalb vermieden. Es findet Rückzug ins Private statt; oftmals verbringen die Betroffenen Tage in ihrer Wohnung, auf dem Sofa oder auf dem Bett. So entsteht ein negativer Teufelskreis, denn gerade frische Luft, Sonnenlicht und Bewegung können lindernd wirken. Stattdessen setzen sie sich stundenlanger Grübelei aus und verlieren sich in übertriebenen Anforderungen an sich selbst, die sie nicht erfüllen können. Dadurch werden die negative Wahrnehmung des Selbstbilds und die insgesamt pessimistische Weltsicht weiter verstärkt.[12]

Daran wird deutlich, dass eine Depression weit über einen Anflug von schlechter Laune oder Unlust hinausreicht, sondern gravierende Folgen für alle Lebensbereiche hat. Die Erkrankten ziehen sich zurück und treffen dabei oft auf Unverständnis, sodass sie abgewiesen und noch weiter in ihre soziale Isolation gestoßen werden. So fällt es immer schwerer, den Weg zurück zu finden.[12]

Deshalb kann – neben anderen Behandlungsvarianten – eine kognitive Verhaltenstherapie durchgeführt werden. Diese Methode eignet sich besonders gut, da sie sich auf den gesamten Zusammenhang von Denken, Fühlen und Handeln bezieht. Außerdem konzentriert sie sich auf die Entwicklung und Umsetzung alltagstauglicher Denk- und Handlungsstrategien, sodass direkt Veränderungen sichtbar werden und aktive Methoden umgesetzt werden können.[10]

Auf diese Weise werden von Anfang an Ihre Motivation und Ihr Optimismus gesteigert, da Sie sich sofort als selbstwirksam und handelnd wahrnehmen können; bei anderen Therapieformen hingegen müssen Sie meistens einige Wochen abwarten, bevor sich Verbesserungen oder Veränderungen abzeichnen. Mit der kognitiven Verhaltenstherapie kann es gelingen, schon nach wenigen Sitzungen zu ersten kleinen Alltagshandlungen zu motivieren. Denn es ist schon ein Erfolg, wenn Sie zum Beispiel einmal am Tag spazieren gehen, ein paar Besorgungen machen oder eine Freundin/einen Freund anrufen.

Die entscheidende Voraussetzung hierfür ist, dass die negativen Denkspiralen durchbrochen werden. Denn depressive Menschen neigen dazu, sich selbst und ihre Umwelt mit einer verzerrten Wahrnehmung zu betrachten und fehlerhafte Denkmuster zu entwickeln. Auch Verallgemeinerungen und Übertreibungen können auftreten. Deshalb müssen die Erkrankten lernen, diesen Denkmustern zu entkommen und sie ins Positive zu verändern, sodass sie im Gesamtkontext auch ihre Gefühle und ihr Verhalten verändern und selbst kontrollieren können.[12]

Dieses Ziel kann eine kognitive Verhaltenstherapie erreichen, indem sie Sie dazu anleitet, die eigenen Wahrnehmungen und Gedanken zu reflektieren, um die Denkfehler zu erkennen und eine realistische Weltsicht zu entwickeln. Dazu werden Methoden des Modelllernens oder der Konditionierung eingesetzt. Auch das Erkennen und die bewusste Veränderung von bestimmten, schädlichen Reiz-Reaktions-Schemata sind Teil der Therapie. Darüber hinaus werden Ihnen Strategien des Selbstmanagements und der Entspannung gezeigt, sodass Sie dazu befähigt werden, sich selbst zu beeinflussen.[5]

In diesem Zusammenhang spielt auch der Konstruktivismus eine wichtige Rolle. Denn Sie sollen lernen, dass Sie der alleinige Akteur Ihres Lebens sind, der dieses selbst steuern und lenken kann. Dazu sollen Sie ein konstruktivistisches Selbstbild entwickeln, das Sie dazu animiert, autonom, unabhängig und bewusst zu handeln und Einfluss zu nehmen. Daran zeigt sich die Verbindung der kognitiven und der verhaltensbezogenen Aspekte einer kognitiven Verhaltenstherapie. Diese Kombination birgt ein hohes Erfolgspotential für die Therapie von Depressionen und kann auch Ihnen zur schnellen Verbesserung Ihrer Lebenssituation verhelfen.[12]

Bezwingen Sie Ihre Ängste!

„Vertraue auf dein Glück – und du ziehst es herbei." (Seneca)

Neben der Therapie von Depressionen eignet sich eine kognitive Verhaltenstherapie auch für die Behandlung von Angststörungen. Darunter versteht man eine Erkrankung, die zu über-durchschnittlicher und belastender Angst führt. Diese Art der psychischen Erkrankung ist eine der häufigsten auftretenden psychischen Krankheiten und betrifft etwa 5-15 % aller Menschen.[13]

Auslöser können unterschiedliche Situationen sein, weshalb man zwischen Panikstörungen, Phobien, generalisierten und sozialen Angststörungen unterscheidet. Eine Panikstörung führt zu akuten Anfällen, die sich körperlich und psychisch auswirken und sich immer wieder wiederholen. Eine Phobie hingegen ist die Angst vor einem konkreten Objekt oder einer bestimmten Situation. Unter einer generalisierten Angststörung versteht man dauerhafte, anhaltende Ängste und Sorgen, die sich auf alle Lebensbereiche beziehen. Eine soziale Angststörung äußert sich durch die Angst vor der Beobachtung durch andere oder dem Aufenthalt in Gruppen.[14]

Wenn diese Angststörungen nicht behandelt werden, können sie sich verstärken, sodass der Patient jegliche Kontrolle darüber verliert. Darüber hinaus kann die sogenannte „Erwartungsangst" entstehen. Das ist die Angst davor, eine erneute Panik- oder Angstattacke zu erleben. Das führt häufig dazu, dass Betroffene sich komplett zurückziehen und soziale Kontakte oder unbekannte Situationen vermeiden, um möglichen Auslösern aus dem Weg zu gehen. Damit verbunden treten oftmals ein vermindertes Selbstwertgefühl, ein Gefühl der Abhängigkeit und Schlafstörungen auf. Deshalb fällt es den Patienten immer schwerer, am sozialen Leben teilzunehmen und oftmals versuchen sie, sich durch den Missbrauch von Alkohol oder Beruhigungsmitteln Erleichterung zu verschaffen.[14]

Denn Ängste sind auf der kognitiven Ebene zu verorten, weil sie dazu führen, dass man die Welt anders wahrnimmt und interpretiert, als sie tatsächlich ist. Dadurch verliert das Einschätzungsvermögen den Bezug zur Realität und überdurchschnittlich viele Situationen und

Reize werden als gefährlich wahrgenommen. Diese Wahrnehmungsstörung fördert die Strategien von Rückzug und Vermeidung, was jedoch dazu führt, dass die Betroffenen immer seltener reale Situationen erleben, sodass die unrealistische Wahrnehmung noch verstärkt wird.[13]

Aus diesem Grund sollten Angststörungen auf jeden Fall therapiert werden. Dafür kann eine kognitive Verhaltenstherapie angewendet werden, weil sie als sehr wirksam zur Behandlung von Ängsten eingestuft wird. Grund dafür ist, dass Sie in dieser Therapieform nicht nur lernen, die eigenen Gedanken, Gefühle und Ängste zu hinterfragen, sondern gleichzeitig konkrete Verhaltensstrategien erlernen. Darüber hinaus beinhaltet eine kognitive Verhaltenstherapie das Kennenlernen von Entspannungsmethoden, die Entwicklung von neuen Denk- und Bewertungsstrategien – zum Beispiel durch das ABC-Modell oder den sokratischen Dialog – und die aktive Umsetzung von Veränderungen im Alltag.[14]

Aus diesem Grund erarbeitet man zu Beginn einer kognitiven Verhaltenstherapie, welche konkreten Reize die Angst auslösen und warum das so ist. Schon diese Erkenntnis kann hilfreich für Sie sein, damit Sie aktiv auf Ihre Angstattacken reagieren können. Anschließend werden Sie nach und nach mit diesen Reizen konfrontiert, um Reaktions- und Verhaltensstrategien zu trainieren, die Sie in akuten Situationen anwenden können.[13]

Darüber hinaus lernen Sie, sich den Auslösern Ihrer Ängste zu stellen und mit diesen umzugehen, statt zu versuchen, sie zu vermeiden. Dafür erlernen Sie konkrete Handlungsstrategien, um dem angstbezogenen Reiz zu begegnen und dennoch die Kontrolle über Ihre eigenen Gedanken, Gefühle und Handlungen zu behalten. So erfahren Sie im Lauf der Therapie, dass es Ihnen tatsächlich gelingen kann, eine Panikattacke oder einen Angstanfall zu überstehen und die Angst nach und nach zu vermindern. Das ist wichtig, denn nur in der aktiven Auseinandersetzung mit auslösenden Reizen können

Sie sich als wirksam und selbstbestimmt wahrnehmen, sodass Sie sich irgendwann zutrauen, allein mit der Angst umgehen zu können.[13]

Auf diese Weise können Sie bereits nach wenigen Therapiesitzungen Verbesserungen wahrnehmen und die Wirksamkeit der Behandlung erkennen. Dadurch steigt Ihre Motivation, um aktiv mitzuarbeiten, und die Lebensqualität nimmt stetig zu.[14]

Bewältigen Sie Ihre Zwangsstörungen!

„Es ist nicht genug zu wissen – man muss es auch anwenden. Es ist nicht genug zu wollen – man muss es auch tun." (Johann Wolfgang von Goethe)

Auch für die Bewältigung von Zwangsstörungen kann eine kognitive Verhaltenstherapie eingesetzt werden. Diese psychische Erkrankung tritt häufig auf und betrifft etwa zwei bis drei Prozent der Erwachsenen in Deutschland. Damit ist es die vierthäufigste psychische Erkrankung. Sie hat zur Folge, dass Betroffene immer wieder bestimmte Denk- und Handlungsmuster ausführen müssen, obwohl sie diese sogar selbst als überflüssig, unsinnig oder belastend wahrnehmen. Trotzdem gelingt es ihnen nicht, die ritualisierte Handlung zu unterbinden, sondern sie verspüren den Drang, die Handlung auszuführen, und können diesen nicht unterbinden. Deshalb kann das gesamte Leben negativ von Zwängen beeinflusst werden, daher sollte diese Erkrankung unbedingt behandelt werden.[15]

Zwangsstörungen können auf der Ebene der Gedanken, der Impulse oder des Verhaltens auftreten und äußern sich meistens durch den Zwang, zu kontrollieren, zu waschen oder zu ordnen. Dabei kennen die meisten Menschen in bestimmten Bereichen den Drang, spezifische Handlungen auszuführen. Das führt dazu, dass der Übergang von einer „normalen" Angewohnheit zu einer akuten Zwangsstörung nicht eindeutig ist und deshalb in vielen Fällen erst sehr spät entdeckt wird.[15]

Wird eine Zwangsstörung nicht behandelt, so können massive Beeinträchtigungen des Alltags entstehen. Zum einen, da die Betroffenen sehr viel Zeit investieren, um zwanghaften Gedanken zu folgen oder die zwanghaften Handlungen immer wieder auszuführen. Zum anderen kann es sein, dass sie sich nicht mehr in der Lage fühlen, Orte aufzusuchen oder andere Menschen zu treffen, da sie diese nicht kontrollieren können. Alternativ kann es auch dazu kommen, dass sie ihr eigenes Zuhause nicht mehr verlassen oder bestimmte Bereich nicht mehr benutzen können, da dort massive Zwänge auftreten.[15]

Diese Vermeidungsstrategien können langfristig dazu führen, dass umfassende Ängste, Anspannungen oder Ekelgefühle entstehen. Darüber hinaus befürchten Betroffene, dass Probleme oder Katastrophen eintreten können, wenn sie die Zwänge nicht ausführen, sodass sie selbst dafür verantwortlich wären. Dieser Gedankengang führt dazu, dass die Intensität oder die Anzahl der Wiederholungen der zwanghaften Rituale – wie zum Beispiel das Ausschalten der Herdplatten oder das Putzen des Badezimmers in einer bestimmten Reihenfolge – gesteigert werden.[15]

Auf diese Weise haben Zwangsstörungen zur Folge, dass Ihr Selbstwertgefühl massiv sinkt und Sie sich als wenig autonom wahrnehmen. Das bedeutet, dass die Zwänge zum größten Teil auf mentalen Denkvorgängen beruhen, sodass eine kognitive Verhaltenstherapie wirksame Verbesserungen bewirken kann. Denn während dieser Therapie lernen Sie, Ihre zwanghaften Denk- und Handlungsmuster wahrzunehmen und kritisch zu hinterfragen. Vor allem diese Reflexion der Ursache kann dazu führen, dass durch logische Überlegungen die zwanghaften Gedankengänge durchbrochen werden können.[16]

Außerdem erlernen Sie Problemlösestrategien und alternative Handlungsstrategien, die Sie direkt beim konkreten Erleben von Zwang anwenden können. Dafür werden Sie mit dem spezifischen Reiz konfrontiert und so dem Drang ausgesetzt, bestimmte Handlungen auszuführen. Allerdings lernen Sie dann, diesen Drang zu unterbinden und die Zwangshandlung zu verhindern. Diese Reaktionsverhinderung kann am Anfang nur für wenige Sekunden eingehalten, mit der Zeit jedoch weiter gesteigert werden. Dadurch nehmen Sie wahr, dass keine schlimmen Konsequenzen eintreffen, wenn die zwanghaften Gedanken oder Handlungen unterdrückt werden, sodass Sie diese langfristig verhindern oder durch alternative Reaktionen ersetzen können.[16]

Der Vorteil einer kognitiven Verhaltenstherapie ist, dass Sie sich selbst als aktiven Handlungsträger erfahren können, sodass auch Ihr Selbstwertgefühl steigt. Dadurch trauen Sie sich vermehrt zu, autonom zu handeln und den Drängen zu widerstehen. Besonders durch die direkte Umsetzung neu erlernter Strategien im Alltag sind schnelle Verbesserungen sichtbar, sodass Ihre Motivation und Ihre Teilnahmebereitschaft ansteigen, auch, wenn viel Anstrengung und Geduld notwendig sind, um langfristige Erfolge zu erreichen.[16]

Besiegen Sie Ihre Persönlichkeitsstörungen!

„Alles was wir hören ist eine Meinung, kein Fakt. Alles was wir sehen ist eine Perspektive, nicht die Wahrheit." (Marcus Aurelius)

Auch wenn Sie den Eindruck haben, dass Sie unter einer Persönlichkeitsstörung leiden, können Sie eine kognitive Verhaltenstherapie anwenden. Dabei setzen Sie sich nicht mit Ihren spezifischen psychischen Störungen auseinander, sondern Sie nehmen Einfluss auf allgemeine Störungsmerkmale, die zum Beispiel Ihre Selbstwahrnehmung oder Ihre soziale Interaktion beeinträchtigen. Dafür lernen Sie, Ihre eigenen Bedürfnisse wahrzunehmen und diese an andere zu kommunizieren. Außerdem erlernen Sie eine realistische Einschätzung sozialer Situationen und Beziehungen, sodass Sie selbstständig und handlungsfähig werden. Auch Fähigkeiten zur Emotionsregulation und zur Konfliktlösung werden Ihnen vermittelt.[28]

Darüber hinaus werden Ihr Selbstvertrauen und Ihre Selbstsicherheit gestärkt, sodass Sie sich die Teilnahme am sozialen Leben wieder zutrauen. Außerdem werden Zukunftsperspektiven und gesellschaftliche Werthaltungen entwickelt, sodass Sie Ihr Handeln auf soziale Gegebenheiten abstimmen und in Kontakt zu anderen Menschen treten können.[28]

Dabei unterscheidet man zwischen verschiedenen Persönlichkeitsstörungen, die jedoch nicht klar voneinander abgegrenzt werden können. Stattdessen ist es sehr wahrscheinlich, dass Sie die Kriterien für mehrere Typen erfüllen, die sich gegenseitig ergänzen und bedingen. Insgesamt spricht man von einer Persönlichkeitsstörung, wenn Sie ausgeprägte, abnormale Eigenschaften aufweisen, die die reguläre Teilnahme am sozialen Leben beeinträchtigen. Das führt zu enormem Leidensdruck, da die störenden Verhaltensweisen Isolation und Ausgrenzung hervorrufen können.[29]

Aus diesem Grund ist es wichtig, dass Sie Ihre eigene Störung verstehen und aktiv dagegen vorgehen können. Dafür ist es hilfreich, wenn Sie die Unterscheidung der verschiedenen Störungstypen kennen. So spricht man von einer schizoiden oder paranoiden Persönlichkeitsstörung, wenn extrem merkwürdiges, desinteressiertes oder misstrauisches Verhalten auftritt. Ist das Verhalten auffällig sprunghaft, emotional oder dramatisch, so spricht man von einer dissozialen, narzisstischen oder theatralischen Persönlichkeitsstörung. Dabei treten vor allem Missachtung und Manipulation von anderen, ein gestörtes Selbstwertgefühl oder das übertriebene Bedürfnis nach Aufmerksamkeit auf. Schließlich spricht man von einer dependenten, zwanghaften oder borderline Persönlichkeitsstörung, wenn extrem ängstliches, unterwürfiges, isolierendes oder perfektionistisches Verhalten zu beobachten ist.[29]

Wenn Sie derartige Auffälligkeiten an sich selbst beobachten können, dann nutzen Sie die Strategien der kognitiven Verhaltenstherapie, um sich selbst zu helfen und das Auftreten der Störungen zu vermindern.

Hilfe zur Selbsthilfe: Werden Sie aktiv!

„Die einzige und ehrlichste Hilfe, ist die Hilfe zur Selbsthilfe." (Alfred Selacher)

Aus allen bisher genannten Gründen sollten Sie damit beginnen, kognitives Training in Ihren Alltag zu integrieren. Denn wenn Sie regelmäßig bestimmte Übungen und Strategien ausführen, können Sie langfristige Veränderungen erreichen, sodass Sie Ihr Verhalten, Ihre Gedanken und Ihre Gefühle bewusst steuern können. Damit übernehmen Sie aktiv die Verantwortung für Ihr Leben und lernen, es nach Ihren eigenen Vorstellungen zu gestalten. Außerdem gelingt es Ihnen, Auffälligkeiten wie Depressionen oder Persönlichkeitsstörungen zu überwinden. Dadurch erreichen Sie ein höheres Maß an Zufriedenheit und Wohlbefinden. Darüber hinaus nehmen Sie sich als autonom und unabhängig wahr, wodurch Ihr Selbstbild steigt und Sie sich mehr zutrauen.[18]

Nehmen Sie Veränderungen an!

Damit Ihnen das gelingt, sollten Sie nicht an Ihrem aktuellen Standpunkt festhalten, sondern Veränderungen annehmen. Grundsätzlich ist das eine wichtige Einstellung, damit Sie mit spontanen Entwicklungen der schnelllebigen, globalisierten Welt zurechtkommen können. Selbstverständlich führt jede Veränderung zunächst zu Verunsicherung, Ängsten und Sorgen, denn es ist immer ein gewisses Risiko des Scheiterns vorhanden. Altbekanntes beizubehalten ist bequem und sicher.[30]

Trotzdem sollten Sie sich für Veränderungen öffnen, denn nur so können Sie Verbesserungen erreichen – in Ihrem Leben, in Ihrer Persönlichkeit und in Ihrem Wohlbefinden. Doch auch Rückschläge, Konflikte und Herausforderungen sollten Sie erwarten.[30] Dennoch können Sie

durch die Anwendung kognitiver Verhaltensstrategien lernen, dass Sie dazu fähig sind,
Schwierigkeiten zu meistern und mit unerwarte-
ten Ereignissen umzugehen. Öffnen Sie sich und
seien Sie bereit, Veränderungen anzunehmen.
Es wird sich definitiv lohnen!

Die 10 goldenen Regeln für eine bessere Zukunft

Darüber hinaus können Ihnen die folgenden
zehn goldenen Regeln dabei helfen, eine bes-
sere Zukunft zu erreichen:

1. Konzentrieren Sie sich auf sich selbst und
   folgen Sie Ihren eigenen Vorstellungen.
   Versuchen Sie nicht, die Erwartungen
   anderer zu erfüllen.

2. Nehmen Sie sich Zeit für sich selbst und
   lernen Sie sich kennen.

3. Machen Sie sich nicht abhängig von der Anerkennung von anderen, sondern vertrauen Sie auf Ihre Fähigkeiten und Talente.

4. Behalten Sie stets das Positive im Blick und lassen Sie sich von negativen Entwicklungen nicht beeinflussen.

5. Begegnen Sie Veränderungen und Problemen mit Ruhe, Gelassenheit und Selbstsicherheit.

6. Treffen Sie Entscheidungen frei und unabhängig von den Ansichten anderer.

7. Setzen Sie sich mit Ihren Ängsten auseinander, um sie zu überwinden, statt sich hemmen zu lassen.

8. Geben Sie nicht auf, sondern ziehen Sie Kraft aus Scheitern und Rückschlägen.

9. Leben Sie im Moment und akzeptieren Sie, was ist, statt sich stets zu wünschen, was Sie gerne hätten.

10. Seien Sie dankbar und nehmen Sie das Leben so an, wie es sich Ihnen präsentiert.

Wenn Sie diese zehn goldenen Regeln befolgen, dann kann es Ihnen gelingen, sich selbst eine erfolgreiche und glückliche Zukunft zu erschaffen.[31]

Bonus: Der 5-Wochen-Plan – 30 Praxis-Übungen für tägliches kognitives Training

„Du wirst dein Leben niemals verändern, solange du nicht etwas veränderst, das du täglich tust. Der Schlüssel zum Erfolg liegt in der täglichen Routine." (John C. Maxwell)

Dieses Zitat macht deutlich, warum die Hilfe zur Selbsthilfe so wirksam ist: Wenn Sie die Strategien und Übungen der kognitiven Verhaltenstherapie täglich umsetzen, können Sie große Erfolge erzielen. Das ist besonders wichtig, da Sie oftmals sehr lange auf einen guten Therapieplatz warten müssen. Deshalb müssen Sie selbst aktiv werden, um Ihr Leben zum Positiven zu verändern.

Aus diesem Grund bietet dieses Bonuskapitel Ihnen einen 5-Wochen-Plan, der 30 verschiedene Übungen enthält, die Sie für Ihr tägliches kognitives Training nutzen können. Machen Sie sich die umfassende, positive und langfristige Wirkung von kognitivem Training zunutze!

Folgen Sie dem 5-Wochen-Plan, um eine Vielzahl an alltagstauglichen Strategien und Methoden kennenzulernen. Anschließend können Sie entscheiden, wie Sie das kognitive Training langfristig in Ihrem Leben umsetzen wollen. Es ist wichtig, dass Sie die Übungen tatsächlich dauerhaft anwenden, damit die Wirkungen der kognitiven Übungen nicht nur einmal auftreten, sondern sich dauerhaft entfalten können. Achten Sie darauf, welche Übungen Ihnen Spaß machen und mit welchen Übungen Sie Erfolge erzielen. Der 5-Wochen-Plan bietet Ihnen dafür die perfekte Grundlage.

Der 5-Wochen-Plan

Damit Sie aktiv und selbstbestimmt Veränderungen in Ihrem Leben bewirken können, werden Ihnen im Folgenden 30 kognitive Übungen präsentiert, die in einem 5-Wochen-Plan organisiert sind. Dadurch können Sie dem Plan linear folgen und täglich die jeweilige Übung umsetzen.

Jede Woche enthält sechs verschiedene Übungen; am siebten Tag sollen Sie sich die Zeit nehmen, um die Woche zu reflektieren und in Ihrem Tagebuch eintragen, welche Erfolge Sie in der jeweiligen Woche erreichen konnten.

Die 30 Übungen sind zum Teil auch dazu da, sich Gedanken über ein bestimmtes Thema zu machen und in zukünftigen Tagen auf bestimmte Themen zu achten. Somit muss nicht immer aktiv etwas ausgeführt werden, jedoch ist das tägliche Notieren Ihrer Gedanken im Tagebuch wichtig.

Außerdem sind auch Empfehlungen, unter anderem durch externe Links, aufgeführt, die den 5-Wochen-Plan ergänzen. Dies stellt eine Hilfe dar, damit Sie einige Übungen auch konkret umsetzen können. Sie sind nicht verpflichtet, den Empfehlungen zu folgen. Die Erfahrung hat jedoch gezeigt, dass durch die Kombination aus dem 5-Wochen-Plan und den aufgeführten Empfehlungen die besten Resultate erzielt wurden.

Deshalb eine Bitte an Sie: Folgen Sie dem 5-Wochen-Plan und setzen Sie die 30 Übungen in Ihrem täglichen kognitiven Training um, damit Sie die bestmögliche Chance haben, Ihr persönliches Ziel zu erreichen. Sie schaffen das!

	Tag 1	Tag 2	Tag 3	Tag 4	Tag 5	Tag 6	Tag 7
Woche 1	Ü 1	Ü 2	Ü 3	Ü 4	Ü 5	Ü 6	Reflexion
Woche 2	Ü 7	Ü 8	Ü 9	Ü 10	Ü 11	Ü 12	Reflexion
Woche 3	Ü 13	Ü 14	Ü 15	Ü 16	Ü 17	Ü 18	Reflexion
Woche 4	Ü 19	Ü 20	Ü 21	Ü 22	Ü 23	Ü 24	Reflexion
Woche 5	Ü 25	Ü 26	Ü 27	Ü 28	Ü 29	Ü 30	Reflexion

Woche 1

1. Tagebuch schreiben – SEHR WICHTIG

Die wichtigste kognitive Übung ist das Schreiben eines Tagebuchs. Sie beginnen am ersten Tag damit, sich ein schönes, leeres Tagebuch zur Hand zu nehmen und Ihren Namen einzutragen. Von jetzt an schreiben Sie täglich Ihre Erkenntnisse der jeweiligen Übungen auf. Das können auch nur Stichwörter sein. 10 Minuten vor dem Schlafengehen sollten ausreichen, um aufzuschreiben, was am jeweiligen Tag aufgefallen ist, was Ihnen gut gelungen ist und woran Sie noch arbeiten sollten. Um auf die vergangene Woche zurückzublicken, nehmen Sie sich jede Woche am siebten Tag etwas Zeit, um über die vergangenen Ereignisse, Ihre Gedanken und Gefühle zu schreiben. Reflektieren Sie die Woche und schreiben Sie auf, welche Erfolge Sie verzeichnen konnten.

Dadurch lernen Sie sich selbst besser kennen und verstehen, welche Zusammenhänge zwischen bestimmten Denk- und Verhaltensmustern bestehen. Weiterhin erreichen Sie mehr Klarheit darüber, was Sie an sich oder an Ihrem Leben verändern möchten oder in welchen Bereichen Sie bereits zufrieden sind. Mit diesem Wissen können Sie im Anschluss Ziele festlegen oder kognitive Denkmuster verändern.[20]

Sie können auch ein digitales Tagebuch verwenden. Hierzu gibt es verschiedene, benutzerfreundliche Apps, z. B. die App „Daylio".

2. Achtsamkeitsübungen

Die nächste kognitive Übung, die Sie täglich einsetzen können, ist das Achtsamkeitstraining. Dabei geht es darum, dass Sie sich selbst besser kennenlernen. Ziel dabei ist es, dass Sie Ihre eigenen Gedanken, Gefühle und Verhaltensweisen besser verstehen können. So lernen Sie, Ihre Reaktionen einzuschätzen und bewusst beeinflussen zu können.

Üben Sie dafür, sich auf den Moment zu konzentrieren und in sich hinein zu hören. Das erscheint am Anfang schwierig, aber lassen Sie sich darauf ein und bleiben Sie geduldig. Nehmen Sie sich dafür anfangs bewusst Zeit und suchen Sie sich einen stillen Ort, an dem Sie sich entspannen können. Schließen Sie dann die Augen, atmen Sie langsam und tief ein und aus und konzentrieren Sie sich darauf. Nehmen Sie wahr, wie der Atem Ihren Körper durchströmt. Spüren Sie Ihre Füße, Ihre Beine, Ihren Bauch, den Rücken, die Hände, die Arme, die Schultern, den Nacken und schließlich Ihren Kopf. Gehen Sie dann über zu Ihrem Geist: Was fühlen Sie gerade? Wie geht es Ihnen? Was sind die Gründe dafür?

Nehmen Sie sich ein paar Minuten Zeit und konzentrieren Sie sich ganz auf den Moment. So lernen Sie sich kennen und können später bewusster handeln. Darüber hinaus helfen Ihnen Achtsamkeitsübungen auch dabei, dass Sie sich in stressigen Situationen in sich selbst sammeln und sich entspannen können. Üben Sie deshalb und führen Sie regelmäßig Achtsamkeitsübungen durch, sodass es Ihnen irgendwann gelingt, sich auch an der Supermarktkasse, im Streit oder in chaotischen Situationen achtsam auf den Moment und auf sich selbst zu fokussieren.[18]

3. Meditation

Ein ähnliches Ziel verfolgt die Meditation. Denn auch durch Meditation können Sie lernen, sich auf sich selbst zu konzentrieren, das Stresslevel zu senken und bewusst Entspannung herbeizuführen. Nehmen Sie sich deshalb Zeit, Meditation zu erlernen. Dafür benötigen Sie einen ruhigen Ort, an dem Sie sich ungestört fühlen. Das kann Ihr Schlafzimmer, Ihr Balkon oder auch der Stadtpark sein. Setzen Sie sich in eine bequeme Position und stellen Sie sich einen Wecker über die Zeit, die Sie meditieren möchten. So müssen Sie sich keine Sorgen darum machen, die Zeit zu vergessen. Schließen Sie die Augen, atmen

Sie tief und ruhig und nehmen Sie den Moment wahr.

Allerdings reicht die Meditation über diese bewusste Wahrnehmung hinaus, denn sie soll auch dazu dienen, den eigenen Alltag zu reflektieren. Lassen Sie die Gedanken fließen und verarbeiten Sie, was Sie belastet. Auf diese Weise können Sie Ihre Denkmuster reflektieren und negative oder belastende Zusammenhänge erkennen. Denken Sie darüber nach, wo die Ursache liegt, und nehmen Sie sich konkrete Ziele vor, um diese Muster zu durchbrechen. Dadurch kann Meditation langfristig zu kognitiven Veränderungen führen, sodass Sie Ihr Leben bewusst steuern und gestalten können.[18]

Andreas Schwarz ist führender Meditationscoach im deutschsprachigen Raum. Seine Meditationen wurden millionenfach gehört und gewinnen an großer Beliebtheit. Mit den sieben geführten Meditationen können Sie Ihre blockierten Energiezentren, die sogenannten

„Chakren", öffnen. Es ist eine sehr effektive Methode, die auch hier in diesem 5-Wochen-Plan empfohlen wird und spürbare Erfolge bei Patienten in der kognitiven Verhaltenstherapie erzielen konnte. Unter folgendem Link erfahren Sie mehr über das Chakra-Meditationsalbum: https://bit.ly/3cWoVj8

Oder halten Sie Ihre Handykamera an folgenden QR-Code, um mehr Informationen zu erhalten:

4. Entspannung

Gezielte Entspannungsübungen können Wunder wirken. Dazu zählen neben den bereits erwähnten Methoden von Achtsamkeit und Meditation auch bewusste Atemübungen, autogenes Training oder progressive Muskelentspannung. Diese Strategien wirken vor allem bei regelmäßiger Anwendung und können langfristig das Niveau der Entspannung in Ihrem Leben steigern.

Darüber hinaus können Sie sich jedoch auch Entspannungstechniken angewöhnen, die Sie in stressigen, chaotischen oder überfordernden Situationen sofort umsetzen können. Dazu zählt zum Beispiel, dass Sie bis zehn zählen und dabei tief atmen, die Hände zu Fäusten ballen und wieder entspannen, die Schläfen massieren, die Hände vor das Gesicht legen und Grimassen schneiden oder die Handballen fest zusammendrücken und wieder lösen. Obwohl diese Übungen banal wirken, haben sie ein hohes Wirkungspotential. Besonders der Wechsel von Anspannung zu Entspannung führt zu tatsächlicher Entlastung. Probieren Sie verschiedene Dinge aus und finden Sie die Methode, die zu Ihnen passt.[18]

5. Reflexion

Eine andere kognitive Strategie, die Sie direkt im Alltag anwenden können, ist die Reflexion. Dabei geht es darum, dass Sie Ihr eigenes Verhalten und Ihre Reaktionen im Nachhinein überdenken. Warum haben Sie auf bestimmte Weise reagiert? Welcher Grund liegt dahinter? Wenn Sie Ihre Verhaltensmuster regelmäßig reflektieren, lernen Sie sich selbst besser kennen. Dadurch können Sie gezielt Einfluss nehmen und belastende Reiz-Reaktions-Schemata durchbrechen. Deshalb ist die Reflexion auch in der kognitiven Verhaltenstherapie eine entscheidende Methode.[5] Vergessen Sie nicht, alles am Ende des Tages im Tagebuch festzuhalten.

6. Selbstwahrnehmung

Darüber hinaus können Sie lernen, Ihr Verhalten nicht nur im Nachhinein zu reflektieren, sondern es schon im akuten Moment bewusst wahrzunehmen. Stellen Sie sich dafür folgende Fragen:

Was fühle ich gerade? Was war der Auslöser? Welchen Denkmustern folge ich? Welchen Grund hat das?

Bei dieser Übung ist es wichtig, dass Sie Ihr physisches oder digitales Tagebuch mitnehmen und Ihre Erkenntnisse gleich aufschreiben.

Diese Strategie können Sie in unterschiedlichen Situationen anwenden: Während Sie Bahn fahren, wenn Sie von Ihrer Arbeit gelangweilt sind, im Gespräch mit anderen oder auch im Streit. Auf diese Weise trainieren Sie Ihre Selbstwahrnehmung, sodass Sie lernen, kognitive Muster zu durchbrechen und zu verändern, um sich selbst aktiv steuern zu können. So gelingt es Ihnen, Ihr Verhalten bewusst zu lenken und zu dem Menschen zu werden, der Sie sein möchten.[17]

Woche 2

7. Selbstbewusstsein

Arbeiten Sie noch mehr an Ihrem Selbstbewusstsein, um sich besser zu fühlen. Wenn Sie von Ihren eigenen Fähigkeiten überzeugt sind und sich zutrauen, auch schwierige Situationen handhaben zu können, gelingt Ihnen viel mehr. Das liegt daran, dass Sie kognitive Denkmuster ins Positive verändern können, sodass Sie sich weniger Sorgen machen. Außerdem werden Sie schneller aktiv und warten weniger ab. Dadurch steigt Ihr Selbstbewusstsein erneut, da Sie sich als autonom, kompetent und wirksam erleben. Arbeiten Sie deshalb an Ihren Denkstrukturen, motivieren Sie sich selbst, seien Sie mutig und steigern Sie Ihr Selbstbewusstsein.[19] Kritisieren Sie sich niemals! Schauen Sie öfter in den Spiegel, lächeln Sie sich an und sagen Sie sich selbst, „Ich bin einzigartig und super, so wie ich bin. Ich kann alles schaffen!"

Erinnern Sie sich an eine Situation in Ihrem Leben, welche Sie gemeistert haben, blicken Sie auf eine erfolgreiche Situation zurück oder denken Sie darüber nach, welche harten Zeiten Sie bereits überstanden haben bis zum heutigen Zeitpunkt. Sie haben es so weit im Leben geschafft, vielleicht haben Sie erfolgreiche Momente erlebt, vielleicht haben Sie schwierige Zeiten durchgemacht. Sie können auch einmal stolz auf sich selbst sein. Denn Sie haben es bis hier hin geschafft und durch Ihre Erfahrungen sind Sie dieser wundervolle, starke Mensch, der Sie heute sind. Weshalb sollten Sie es nicht noch weiter schaffen? Nichts und niemand kann Sie aufhalten! Aus diesem Grund: Aufstehen, Brust & Schulter raus und los geht's!

8. Emotionen

Im Zusammenhang damit steht die Kontrolle der Emotionen. Nur, wenn Sie lernen, durch kognitive Übungen bewusst Einfluss auf Ihre Gefühle zu nehmen, können Sie in jeder Situation die Kontrolle behalten und Handlungen bewusst ausführen. Dafür müssen Sie Ihre Emotionen wahrnehmen und ergründen, warum Sie sich in der jeweiligen Situation genau so fühlen. Was war der Auslöser für Ihre Wut? Warum macht die Absage Sie so traurig? Weshalb bereitet die unbekannte Situationen Ihnen Sorgen? Lernen Sie, die kognitiven Ursachen einzuschätzen, sodass Sie schädliche Denk- und Verhaltensmuster durchbrechen können.[19]

9. Gedankenstopp

Die kognitive Übung des Gedankenstopps ist ebenfalls sehr wichtig. Grund dafür ist, dass Emotionen sich meistens potenzieren, indem man über die Situation nachdenkt, sodass die Angst, Wut oder Sorge immer größer wird. Denn man gelangt gedanklich von einem Horrorszenario in das nächste und es wird immer schlimmer. Lernen sie deshalb, „Stopp" zu sagen und die Gedankengänge zu beenden. Steigern Sie sich nicht in Ihre Vorstellungen hinein, sondern verlassen Sie die Situation, lenken Sie sich ab und beschäftigen Sie sich mit etwas anderem. So können Sie die negative Gedankenspirale durchbrechen. Wenn Sie sich später etwas beruhigt haben, können Sie erneut über die Situation oder Ihre Gefühle nachdenken. Wichtig ist aber, dass Sie üben, sich selbst Grenzen zu setzen.[19]

10. Optimismus

Es ist enorm wichtig, dass Sie Ihren Optimismus steigern. Denn mit einer optimistischen Herangehensweise wirken viele Probleme weniger bedrohlich und man traut sich automatisch mehr zu, da man von einem positiven Endergebnis überzeugt ist. Aus dem Grund, dass der Optimismus ein kognitives Konstrukt ist, können Sie diese Einstellung durch kognitive Übungen trainieren. Dafür sollten Sie lernen, das Gute in den Menschen, sich selbst und der Umwelt zu sehen. Seien Sie stolz darauf, was Sie bereits alles erreicht haben, und schöpfen Sie Kraft daraus. Lassen Sie sich von Rückschlägen nicht verunsichern, sondern reden Sie sich selbst ein, dass Sie alles schaffen können. Auf diese Weise entwickeln Sie im Lauf der Zeit kognitive Denkmuster, die Dinge so wahrzunehmen, dass Sie sich zum Guten wandeln werden. Überzeugen Sie sich also selbst vom Optimismus.[19]

Ein weiterer Tipp: Egal, ob auf der Straße, im öffentlichen Verkehr oder beim Einkaufen – begegnen Sie Menschen mit einem Lächeln! Manche werden zurücklächeln, andere nicht, das soll Sie jedoch nicht kümmern. Die gute Nachricht: Ein Lächeln strahlt Optimismus aus und Sie werden sich automatisch besser fühlen.

11. Im Moment leben

Diese optimistische Grundeinstellung kann gefördert werden, indem Sie damit anfangen, im Moment zu leben. Nehmen Sie wahr, wie es gerade ist, was Sie fühlen und denken und was um Sie herum geschieht. Versuchen Sie dabei, möglichst neutral zu sein, und werten Sie nicht, sondern nehmen Sie die Eindrücke einfach nur auf. Akzeptieren Sie den Moment also so, wie er gerade ist. Diese Akzeptanz können Sie anschließend auch auf stressige, unangenehme oder ärgerliche Situationen im Alltag übertragen. Dadurch können Sie Ihre Emotionen besser kontrollieren und so Ihre Zufriedenheit steigern. Langfristig führt das auch zu mehr Entspannung und einer höheren Stresstoleranz.[19]

Genießen Sie den Moment mit Ihren engsten Freunden oder mit Ihrer Familie und seien Sie dankbar, so tolle Menschen um sich herum zu haben. Es ist nicht selbstverständlich, dass diese wertvollen Menschen in Ihrem Leben sind. Sprechen Sie deshalb auch einmal aus, wie sehr Sie Ihre Familie, Freunde und Bekannte lieben, nach dem Motto: Spread Love!

12. Ziele setzen

Setzen Sie sich konkrete Ziele. Das hilft Ihnen dabei, fokussiert zu bleiben und auftretende Ereignisse realistisch einzuschätzen. Deshalb können Sie bei unerwartet eintretenden Änderungen oder Problemen immer abwägen, welche Auswirkungen für Ihre langfristigen Ziele bestehen. So können Sie bewerten, ob es in dieser Situation angebracht ist, dass Sie in Stress und Angst ausbrechen oder ob Sie ruhig bleiben können, da die Folgen absehbar sind und wenige Auswirkungen auf Ihre Ziele haben. Durch diese kognitive Konzentration gelingt es Ihnen, Ihre Gefühle und Ihr Verhalten bewusst zu beeinflussen und zu steuern.[17] Die Ziele sollten nach dem SMART-Prinzip gesetzt werden: Spezifisch, Messbar, Ansprechend/Akzeptiert, Realistisch, Terminiert.

In anderen Worten heißt das, Sie setzen sich Ziele, welche konkret sind, bei welchen Sie den Erfolg oder Misserfolg beurteilen können, bei welchen Sie motiviert sind, sie umzusetzen, welche realistisch sind und die zu einer bestimmten Zeit auch erreicht werden können.

Nicht vergessen, alles ins Tagebuch reinzuschreiben.

Woche 3

13. Alternativen

Wägen Sie Alternativen ab. Überlegen Sie, welche Handlungsoptionen bestehen und wie Sie Ihren Plan anpassen können, um Ihre Ziele dennoch erreichen zu können. Dadurch erreichen Sie ein höheres Niveau an Entspannung und Ruhe, weil Sie davon überzeugt sein können, dass auch spontane Änderungen nicht dazu führen, dass Sie Ihre Ziele aufgeben müssen. Verabschieden Sie sich dafür von perfektionistischem Streben und lassen Sie stattdessen das Leben auf sich zukommen. Es muss nicht perfekt sein, um gut sein zu können.[20]

14. Stimmungstagebuch

Alternativ können Sie ein gezieltes Stimmungs-tagebuch anfertigen. Dabei geht es nicht da-rum, dass Sie in ganzen Sätzen über Ihre Wahr-nehmung schreiben, sondern Sie sollen lediglich notieren, was Sie fühlen. Dafür können Sie Sym-bole, Wörter oder Bilder verwenden. Dadurch ist diese Methode weniger zeitaufwendig, aber dennoch genauso effektiv, denn Sie können am Abend das Stimmungstagebuch durchse-hen und so beobachten, wie Sie sich den Tag über gefühlt haben. Mit diesem Wissen können Sie Ihre Reaktionen und Emotionen reflektieren und hinterfragen, ob Sie tatsächlich ange-bracht und notwendig waren. Auf diese Weise können Sie sich konkrete Ziele setzen und daran arbeiten, in der nächsten Situation anders zu re-agieren und Ihre Gefühle besser zu kontrollie-ren.[17]

Die eigenen & fremden Gefühle zu verstehen ist eine Kunst. Die gute Nachricht: Es ist erlernbar! Genau diese Kunst kann durch die Stärkung der Emotionalen Intelligenz erlernt werden. Das

Buch „Emotionale Intelligenz" von Jolina Morgenstern hilft, die eigenen Gefühle zu kontrollieren und die Empathie gegenüber Mitmenschen besser zu verstehen. Ein sehr interessantes Thema, welche das tägliche kognitive Training optimal unterstützen kann. Mehr Infos können unter folgendem Link abgerufen werden: https://amzn.to/2SmOOz1

Oder mit folgendem QR-Code:

15. Sokratische Gesprächsführung

Diese Übung geht auf den griechischen Philosophen Sokrates zurück, der seine Ideen und Gedanken in Form von Monologen verschriftlicht hat. Diese Methode sollen Sie auf sich selbst anwenden, um Ihr Verhalten zu reflektieren und Ihre Emotionen beeinflussen zu können. Stellen Sie sich dafür bestimmte Leitfragen, die Sie anschließend monologisch beantworten. Das können Sie schriftlich, mündlich oder auch nur gedanklich machen. Konfrontieren Sie sich selbst mit kritischen Anstößen und gelangen Sie so zu neuen Erkenntnissen.[5]

16. Lebenskarten

Eine andere kognitive Übung, die Sie auch im Alltag anwenden können, ist das Erstellen von sogenannten Lebenskarten. Dafür nehmen Sie sich kleine Karten zur Hand und visualisieren auf Ihnen auf positive Art, woran Sie noch arbeiten wollen. Schreiben Sie dazu Sätze auf oder malen Sie kleine Bilder. Überzeugen Sie sich selbst davon, dass Sie diese Veränderung erreichen können. Später können Sie die Karten immer wieder ansehen, um sich diese unterstützenden Überzeugungen einzuprägen, sodass Sie sie in

Ihre kognitiven Denkschemata übernehmen können.[21]

17. Bedürfnisse

Wichtig ist, dass Sie lernen, Ihre eigenen Wünsche und Bedürfnisse wahrzunehmen und auch zu äußern. Trauen Sie sich zu, Grenzen zu setzen und auch einmal „Nein" zu sagen. Lassen Sie sich nicht zu Dingen überreden, die Ihnen widerstreben, und sagen Sie nicht bloß aus Höflichkeit zu, sondern achten Sie auf sich selbst. Denn nur, wenn Sie ehrlich zu sich selbst sind, können Sie Ihr Leben so gestalten, dass Sie zufrieden sind und sich wohlfühlen. Das ist die Voraussetzung dafür, dass Sie sich im Gleichgewicht befinden und Ihr Verhalten steuern können.[17]

Erinnern Sie sich daran, wann Sie zuletzt in solch einer Situation waren, in der Sie aus Höflichkeit zugesagt haben, obwohl Sie „Nein" sagen wollten? Schreiben Sie es auf und notieren Sie auch, wie Sie anders hätten reagieren können.

Tipp: Es ist überhaupt nicht schlimm, wenn Sie zugeben oder offenbaren, dass Sie etwas nicht mögen oder nicht mitmachen wollen. Ihr Gegenüber wird das verstehen und falls nicht, ist es auch kein Weltuntergang, schlussendlich müssen Sie sich wohlfühlen. Sie leben Ihr Leben nicht für andere, sondern für sich selbst, und das dürfen Sie gerne wieder in Erinnerung rufen.

18. Wochenplan

Außerdem können Sie mit einem Wochenplan arbeiten. Diese Methode wird hauptsächlich in der Therapie von Depressionen angewendet, aber Sie können sie auch in Ihrem Alltag umsetzen. Strukturieren Sie dafür Ihre Woche und legen Sie fest, was an welchem Tag zu erledigen ist. Setzen Sie sich zudem Ziele, die Sie in dieser Zeit erreichen wollen. Nehmen sie sich konkrete Tage und Anlässe vor, um zum Beispiel zu trainieren, ruhig zu bleiben oder nicht in Panik zu geraten. Auf diese Weise können Sie bereits innerhalb von einer Woche erste Veränderungen beobachten und sich selbst als aktiv und selbstbestimmt wahrnehmen. Dadurch steigen Ihre Motivation und Ihr Selbstvertrauen, sodass Sie in der nächsten Woche weitere Ziele erreichen.[22]

Woche 4

19. Hausaufgaben

Eine Alternative zur Arbeit mit einem Wochenplan ist das Festlegen von Hausaufgaben. Obwohl diese Übung zunächst vielleicht seltsam erscheint, ist sie durchaus wirksam. Denn hierbei geht es darum, konkrete Aufgaben, Veränderungen oder Übungen zu planen und umzusetzen. Um dieses Vorhaben zu unterstützen, kann man sich selbst Hausaufgaben aufgeben, die man nach der Arbeit, am Morgen, vor dem Schlafengehen oder am Wochenende erledigt. Es kann hilfreich sein, von Anfang an einen konkreten Termin festzulegen. Neben der Wahl des Zeitpunkts ist jedoch auch der Inhalt entscheidend, sodass Sie abwägen sollten, was sie tun wollen und warum, wie zum Beispiel ein Stimmungstagebuch, um sich besser kennen zu lernen oder Yoga, um kompetenter mit dem Stress auf der Arbeit umgehen zu können. Geben Sie sich selbst Hausaufgaben auf, um mit konkretem Ziel an sich zu arbeiten.[5]

20. Affirmationen

Des Weiteren ist die Arbeit mit Affirmationen eine Form des kognitiven Trainings. Denn unter Affirmationen versteht man positive Glaubenssätze, die Mut zusprechen und Selbstvertrauen fördern sollen. Aus diesem Grund existiert bereits eine Vielzahl an Glaubenssätzen, aus denen sie einzelne auswählen und für sich übernehmen können. Alternativ besteht jedoch auch die Möglichkeit, selbst einen Glaubenssatz zu formulieren. Ziel dabei soll sein, die eigene Einstellung und Ansicht auf der kognitiven Ebene zu verändern, indem man sich die Aussagen der Glaubenssätze einprägt und sie immer wieder wiederholt, bis man davon überzeugt ist. Auf diese Weise steigt der Optimismus, das Selbstvertrauen und die Handlungsbereitschaft. Schreiben Sie nun 10 Glaubenssätze in Ihrem Tagebuch auf und wählen Sie von diesen Ihre 3 Favoriten. Schreiben Sie Ihre 3 Favoriten nochmals separat mit einem dicken Stift auf ein farbiges Blatt Papier und schneiden Sie alle drei Glaubenssätze in schöne Formen aus. Kleben Sie sich die Glaubensätze an den Spiegel, an die Wohnungstüre, an Ihren Kühlschrank oder bewahren Sie sie an einem Ort auf, an welchem Sie immer wieder daran erinnert werden.[23]

21. Visualisierung

Die Methode der Visualisierung können Sie ebenfalls einsetzen. Dabei geht es nicht darum, sich Merksätze einzuprägen, sondern – umgekehrt – darum, innere Vorstellungen zu visualisieren. Das funktioniert durch Zeichnen, Schreiben oder auch nur mental. Stellen Sie sich eine Situation vor, die Ihnen schwierig erscheint oder in der es Ihnen schwerfällt, Ihre Gedanken und Gefühle zu kontrollieren. Spielen Sie die Situation gedanklich jetzt so ab, dass es Ihnen gelingt, sich so zu verhalten, wie Sie es sich im Optimalfall wünschen. Auf diese visualisierte Vorstellung können Sie jetzt in der konkreten Situation tatsächlich zurückgreifen, sodass es Ihnen vermutlich besser gelingt, Ihr Verhalten bewusst zu steuern. Deshalb können Sie diese mentale Übung immer wieder anwenden und unterschiedliche Abläufe visualisieren, um sich selbst das Vertrauen zu geben, Ihren Vorstellungen entsprechend handeln zu können.[24]

22. Verstärkung

Ein anderer Faktor des mentalen Trainings ist die positive Verstärkung. Diese Methode stammt ursprünglich aus der operanten Konditionierung und wird umgangssprachlich mit Belohnung verglichen. Denn es geht darum, sich selbst bei

Erfolgen zu belohnen, damit die Motivation und das Selbstvertrauen steigen. Konkret bedeutet dies also, dass sie sich selbst etwas Gutes tun sollen, wenn Ihnen etwas gelungen ist oder Sie ein Ziel erreichen konnten. Diese Verstärkung sollte unmittelbar erfolgen und darf mit Zufriedenheit und Stolz verbunden sein. Achten Sie darauf, dass die Belohnung nicht der einzige Anreiz wird, der sie motiviert, sondern tatsächlich lediglich eine Verstärkung, die Ihre Anstrengung fördert. Wählen Sie eine Art der Verstärkung aus, die Ihnen tatsächlich Freude bereitet, wie ein leckeres Eis, ein guter Film oder ein fauler Nachmittag.[5]

23. Entkatastrophisieren

Darüber hinaus können Sie die kognitive Übung des „Entkatastrophisierens" anwenden. Auch dieser Aspekt stammt ursprünglich direkt aus der Therapie, kann aber auch im Alltag umgesetzt werden. Sie sollen sich dabei in einer überfordernden Situation folgende Frage stellen:

„Was ist das Schlimmste, das passieren kann?". Beantworten Sie diese Frage und beziehen Sie dabei Ihre Ängste und Sorgen in Ihre Überlegungen ein. So werden Sie bemerken, dass das aktuelle Ereignis nicht so schlimme Auswirkungen hat, wie sie zunächst vermutet haben. Deshalb gelingt es Ihnen, Ihre Übergeneralisierung oder die falschen Schlussfolgerungen auf realistisches Eintreten hin zu überprüfen, um dadurch Ihre belastenden Denkmuster zu druchbrechen.[7]

24. Problemlösen

Sie sollten sich konkrete Problemlösestrategien zurechtlegen, auf die Sie in akuten Situationen zurückgreifen können. Diese Herangehensweise sollte einer bestimmten Struktur folgen, sodass sie flexibel eingesetzt werden kann: Zuerst müssen Sie Strategien entwickeln, mit denen Sie das Problem wahrnehmen, beschreiben und analysieren können. Anschließend legen Sie ein Ziel fest, das Sie erreichen wollen.

Danach entwickeln Sie eine Lösung, um das Problem zu überwinden und das Ziel zu erreichen. Diese Lösung probieren Sie aus, bewerten sie und verändern sie gegebenenfalls, damit sie beim nächsten Problem besser funktioniert. Auf diese Weise können Sie immer wieder auf bereits vorhandene Lösungsansätze zurückgreifen, die Sie nur noch auf die aktuelle Situation abstimmen und dieser anpassen müssen.[5]

Woche 5

25. Selbsterfüllende Prophezeiung

Die selbsterfüllende Prophezeiung spielt sich lediglich auf der kognitiven Ebene ab, birgt aber hohes Wirksamkeitspotential. Es geht dabei darum, dass Sie sich selbst einreden, dass Sie ein bestimmtes Ziel erreichen oder eine konkrete Veränderung umsetzen können. Reden Sie sich diese Überzeugung – eventuell in Verbindung mit Visualisierung oder Affirmationen – immer wieder selbst ein. Tun Sie das so lange, bis Sie selbst daran glauben. Der besondere Effekt daran ist, dass es durch diese innere Überzeugung viel wahrscheinlicher ist, dass Sie das Ziel tatsächlich erreichen. Grund dafür ist, dass Sie von sich selbst überzeugt und optimistisch sind, sodass Sie bereit sind, aktiv zu handeln und Risiken einzugehen. Auf diese Weise können Sie viel erreichen.[25]

26. Freunde & Familie

Eine andere Variante, mit der Sie sich selbst fördern können, ist der enge Kontakt und rege Austausch mit Freunden und der Familie. Denn indem Sie anderen von Ihren Ängsten, Sorgen oder Zielen erzählen, erscheinen sie Ihnen viel realistischer. Dadurch fällt es Ihnen leichter, belastende Denkmuster zu vermeiden und sich stattdessen auf die tatsächlichen Gegebenheiten zu konzentrieren. Auf diese Weise fühlen Sie sich weniger gestresst und überfordert und trauen sich mehr zu, tatsächlich bestimmte Dinge umsetzen oder erreichen zu können.[20]

Es tut gut, über Probleme zu sprechen, am besten mit einer Person, die Sie gut kennt und Sie in Ihrer Situation versteht. Wichtig ist auch, dass Sie zusammen probieren, Maßnahmen zu ergreifen, diese Ängste und Sorgen zu überwinden, oder ein bestimmtes Ziel zu erreichen.

27. Sport

Darüber hinaus ist Sport eine wichtige Option, um die kognitive Verfassung zu stärken. Dabei ist die Umsetzung sehr variabel, da sowohl entspanntes Yoga als auch anstrengendes Joggen oder lustiges Kraft- oder Balltraining in der Gruppe wirksam ist. Deshalb können Sie eine Sportart wählen, die Ihren individuellen Wünschen entspricht.[18] Wichtig ist nur, dass Sie sich regelmäßig bewegen, denn durch Bewegung werden die Körperprozesse, wie die Verdauung und die Regeneration, gefördert, sodass Sie sich körperlich besser fühlen. Darüber hinaus wird Ihr mentales Wohlbefinden durch die Ausschüttung bestimmter Substanzen gefördert, sodass Ihr Selbstwertgefühl steigt und Sie insgesamt aktiver werden.[19]

28. Ernährung

In diesem Zusammenhang sollte auch die Ernährung genannt werden, da sie direkte Auswirkungen auf die kognitive Verfassung hat. Nur, wer sich ausgewogen ernährt, ist leistungsfähig, da er die notwendigen Nährstoffe erhält. Diese benötigen Sie, um voller Kraft und Energie handeln und Stress resistent überstehen zu können. Deshalb sollten Sie darauf achten, abwechslungsreich und gesund zu essen und regelmäßige Mahlzeiten zu sich zu nehmen. Dazu gehört der Verzehr von Lebensmitteln, die Vitamine, Proteine, Mineralstoffe etc. und umgekehrt möglichst wenig Zucker und chemische Zusätze beinhalten. Die Ernährungsumstellung kann Wunder bewirken! [18]

Eine mögliche Ernährungsweise, welche sich sehr gut bewährt hat, ist die basische Ernährung. Viele Patienten berichten, dass Sie sich durch die Umstellung auf die basische Ernährung deutlich wohler und aktiver gefühlt haben.

Hierzu kann das Buch über basische Ernährung von Alice Luckner empfohlen werden. Mehr Informationen über das Buch finden Sie unter folgendem Link: https://amzn.to/3d6zFvz

Ebenfalls via QR-Code wie folgt zu erreichen:

29. Musik

Auch Musik kann als kognitive Übung wirken. Dabei ist es unwichtig, ob Sie selbst Musik machen oder Musik hören – beide Methoden können die Konzentration trainieren, die Emotionen beeinflussen und das Stresslevel senken. Wählen Sie dafür Musik aus, die Sie beruhigt und Sie dabei unterstützt, sich in sich selbst zu sammeln. Auf diese Weise können Sie in der Musik Zuflucht finden, Ihre Gedanken und Gefühle reflektieren und über Ihr Verhalten nachdenken. Darüber hinaus kann Musik Sie auch motivieren, anspornen oder zufrieden stellen, sodass Sie bereit sind, anstrengende Veränderungen umzusetzen.

Musik ist eine der mächtigsten Methoden, Ihr Gehirn positiv zu stimulieren. Musik kann sehr viel ausmachen und nachweislich Glückshormone freisetzen. Bestimmte Frequenzen können Ihr Stresslevel deutlich reduzieren. Dafür brauchen Sie die richtige Musik und die richtigen Melodien. Dies kann Ihnen z. B. neobeats® anbieten.

Mit der neobeats®-Mitgliedschaft erhalten Sie Zugriff auf wirksame Hör-Programme zur Erweiterung des Bewusstseins. Die neobeats® können für besseren Schlaf, Entspannung, Zufriedenheit, Gesundheit, Selbstfindung, Energie und vieles mehr genutzt werden. Die Erfahrung hat gezeigt, dass durch entspannte Musik Ihre kognitive Verhaltenstherapie effektiver unterstützt wird und der Stresslevel unmittelbar gesenkt werden kann. Unter folgendem Link erfahren Sie mehr über neobeats®: https://bit.ly/3jtRA1g

Oder via QR-Code:

30. Ausgleich

Schließlich sollten Sie insgesamt darauf achten, ausreichend Ausgleich in Ihrem Leben zu haben. Das kann beispielsweise erreicht werden, indem Sie Freunde treffen, Sport treiben, Hobbys nachgehen, Freizeit genießen oder mittags einen „Powernap" machen. Achten Sie auf Ihre Bedürfnisse und nehmen Sie sich die Auszeiten, die Sie benötigen. Nur so können Sie Ihre Kräfte einteilen und langfristig davon zehren. Planen Sie jedoch kleine Pausen ein, sonst entsteht schnell ein Zustand der Überforderung, der zu Gefühlsexplosionen, Stress, Unzufriedenheit und Ängsten führen kann. Achten Sie deshalb darauf, eine gute Balance zwischen Ruhe und Anstrengung, Arbeit und Freizeit sowie Aktion und Entspannung zu erzeugen, um langfristig fit zu bleiben.[19]

Sie schaffen das!

„Alles beginnt mit einem Gedanken und einen Gedanken kann man ändern." (Louise Hay)

Diesem Ansatz zufolge ist die Veränderung der Gedanken der erste Schritt zur Verbesserung des eigenen Selbst. Damit wird deutlich, wie eine kognitive Verhaltenstherapie funktioniert: Auch hier gilt das Zusammenspiel von Gedanken, Gefühlen und Verhalten, das in seiner Gesamtheit wahrgenommen werden muss, um aktiv Einfluss nehmen zu können. Aus diesem Grund wendet die kognitive Verhaltenstherapie verschiedene Strategien des Modelllernens, der Konditionierung, der Entspannung und des Selbstmanagements an. Ziel dabei ist, dass Sie die eigenen Denk- und Verhaltensmuster durchdringen, Ursache-Wirkungs-Zusammenhänge erkennen und somit bewusste Veränderungen durchführen können.

Besonders in der Therapie von Depressionen, Ängsten oder Zwangsstörungen spielt diese Art der psychotherapeutischen Behandlung deshalb eine wichtige Rolle. Doch auch im Alltag sollten kognitive Strategien Anwendung finden, damit Sie durch Entspannung, Reflexion, Ausgleich und Bewegung direkten Einfluss auf Ihr eigenes Leben nehmen können. So gelingt es Ihnen, ins Reine mit sich selbst zu kommen, ein Gleichgewicht zu erreichen und Ihr Leben nach Ihren eigenen Vorstellungen zu gestalten.

Und nochmals: Nicht aufgeben! Sie schaffen das!

In eigener Sache

Wenn Ihnen das Buch gefallen hat, freue ich mich auf eine positive Bewertung und eine Rezension. Herzlichen Dank!

Literaturverzeichnis

1:https://www.gesundheitsinformation.de/kognitive-verhaltenstherapie.2136.de.html

2:https://www.stiftung-gesundheitswissen.de/mediathek/videos/psyche-wohlbefinden/was-ist-eine-kognitive-verhaltenstherapie

3:https://link.springer.com/chapter/10.1007%2F978-3-540-32779-0_2

4:http://www.lernpsychologie.net/lerntheorien/behaviorismus

5:https://www.therapie-hütte.de/therapie-wissen/zur-geschichte-der-verhaltenstherapie/

6:https://www.lernen.net/artikel/verhaltenstherapie-methoden-tipps-3713/

7:https://www.uni-marburg.de/ivv/downloads/praesentationen/introversive_kvt

8:https://www.apotheken-umschau.de/Verhaltenstherapie

9:https://prof-stark.de/prof-dr-stark/prof-stark-methode/verhaltenstherapie/

10:https://medlexi.de/Kognitive_Verhaltenstherapie

11:https://www.deutsche-depressionshilfe.de/depression-infos-und-hilfe/was-ist-eine-depression

12:https://www.gesundheitsstadt-berlin.de/kognitive-verhaltenstherapie-bei-depressionen-langfristig-wirksam-7910/

13:https://www.therapie.de/psyche/info/index/diagnose/angst/therapie/

14:https://www.praxis-lebensquell.de/psychotherapie/kognitive-verhaltenstherapie-praktisch-integrativ-pikvt/%C3%A4ngste-zw%C3%A4nge-phobien/

15:https://www.apotheken-umschau.de/zwangserkrankungen

16:https://www.gesundheitsinformation.de/behandlung-von-zwangsstoerungen.2683.de.html?part=behandlung-mo

17:https://www.koch-psychotherapie.com/methoden/

18:https://www.fitforfun.de/gesundheit/stress-abbauen-10-wege-stress-loszuwerden-160326.html

19:https://www.therapie.de/psyche/info/index/diagnose/depression/tipps/

20:https://www.lernen.net/artikel/gelassenheit-lernen-mit-15-tipps-und-uebungen-zu-mehr-ausgeglichenheit-919/

21:https://www.lebenskarten.de/anwendung/arbeit-mit-kognitionen/

22:http://www.depression-duesseldorf.de/IMG/pdf/pati-ententag02-Hautzinger.pdf

23:http://www.depressions-sprechstunde.de/Depression-positiv-denken.htm

24:https://www.psychotipps.com/mentales-training.html

25:https://www.psychotipps.com/optimismus-prophezei-ung.html

26: https://www.focus.de/gesundheit/ratgeber/psycholo-gie/gesundepsyche/tid-23172/uebung-1-wie-gehts-ihnen-jetzt-gerade_aid_345996.html

27:https://www.wissenschaft.de/gesellschaft-psycholo-gie/der-einfluss-von-gedanken-und-gefuehlen-auf-die-gesundheit/

28:http://www.exp.unibe.ch/research/seminarthe-men/KVT%20Persoenlichkeitsstoerungen.pdf

29:https://www.msdmanuals.com/de-de/profi/psychi-sche-st%C3%B6rungen/pers%C3%B6nlich-keitsst%C3%B6rungen/pers%C3%B6nlichkeitsst%C3%B6run-gen-im-%C3%BCberblick

30:https://www.einfachganzleben.de/leben-balance/wie-du-veraenderungen-annimmst

31:https://karrierebibel.de/lebensregeln/#13-Lebensregeln-fuer-mehr-Glueck-und-Zufriedenheit

Haftungsausschluss

Die Umsetzung aller enthaltenen Informationen, Anleitungen und Strategien dieses Buches/E-Books erfolgt auf eigenes Risiko. Für etwaige Schäden jeglicher Art kann der Autor aus keinem Rechtsgrund eine Haftung übernehmen. Für Schäden materieller oder ideeller Art, die durch die Nutzung oder Nichtnutzung der Informationen bzw. durch die Nutzung fehlerhafter und/oder unvollständiger Informationen verursacht wurden, sind Haftungsansprüche gegen den Autor grundsätzlich ausgeschlossen. Ausgeschlossen sind daher auch jegliche Rechts- und Schadensersatzansprüche. Dieses Werk wurde mit größter Sorgfalt nach bestem Wissen und Gewissen erarbeitet und niedergeschrieben. Für die Aktualität, Vollständigkeit und Qualität der Informationen übernimmt der Autor jedoch keinerlei Gewähr. Es können Fehler enthalten sein. Die E-Book Version enthält externe Produktlinks. Die Aktualität der Produktlinks ist nicht immer gewährleistet, da die Produkte nicht durch den Autor bewirtschaftet werden. Der Autor übernimmt keinerlei Haftung für die empfohlenen Produkte und etwaige Schäden jeglicher Art, welche durch den Gebrauch der Produkte entstehen, da diese keine Produkte des Autors sind und nur durch eigene Erfahrungen weiterempfohlen werden. Auch können Druckfehler und Falschinformationen nicht vollständig ausgeschlossen werden. Für fehlerhafte oder irreführende Angaben vom Autor können keine juristische Verantwortung sowie Haftung in irgendeiner Form übernommen werden. Dieses Buch/E-Book gibt der Leserin/dem Leser keine Erfolgsgarantie.

Urheberrecht

Alle Inhalte dieses Werkes sowie Informationen, Strategien und Tipps sind urheberrechtlich geschützt. Alle Rechte sind vorbehalten. Jeglicher Nachdruck oder jegliche Reproduktion – auch nur auszugsweise – in irgendeiner Form wie Fotokopie oder ähnlichen Verfahren, Einspeicherung, Verarbeitung, Vervielfältigung und Verbreitung mit Hilfe von elektronischen Systemen jeglicher Art (gesamt oder nur auszugsweise) ist ohne ausdrückliche schriftliche Genehmigung des Autors strengstens untersagt. Alle Übersetzungsrechte vorbehalten. Die Inhalte dürfen keinesfalls veröffentlicht werden. Bei Missachtung behält sich der Autor rechtliche Schritte vor.

Impressum

Covergestaltung:

www.fiverr.com/lauria

Coverfoto:

www.depositphotos.com